SONDERHEFT 40

Pyramiden
Häuser für die Ewigkeit

Landschaftspyramiden
in Deutschland

Herausgeber: Dr. Christian Tietze

Verantwortlich: Dr. Matthias Jenny

Palmengarten der Stadt Frankfurt am Main
Siesmayerstraße 61
D-60323 Frankfurt am Main
Telefax 069 / 212-3 78 56

Gestaltung: Kerstin Papert
Technische Gesamtherstellung: Druckerei Hassmüller, Frankfurt

ISBN: 3-931621-20-0
ISSN: 0946-560X
© Palmengarten der Stadt Frankfurt am Main, 2007

INHALT

Matthias Jenny   5
Vorwort

Christian Tietze   7
Einleitung

Bernd Modrow   10
Garten-Pyramiden in Hessen –
im Park Wilhelmshöhe und in Wilhelmsbad

Christian Tietze   22
Pyramiden in Brandenburg

Holger Wenzel   54
Sinnbild, Grab und Weihestätte –
Pyramiden in Deutschland

Annette Dorgerloh und Michael Niedermeier   69
Pyramiden in frühen Landschaftsgärten

Martina Abri   92
Schinkel und Ägypten

Siegfried Neumann   107
Die Begräbnisstätten im Branitzer Park

Hilke Steinecke   120
Zier- und Nutzpflanzen aus dem alten Ägypten

Bildnachweis   128

Das Oktogon mit Pyramide und Herkules im Park Wilhelmshöhe in Kassel

DIE PYRAMIDEN – HÄUSER FÜR DIE EWIGKEIT

Die Kulturgeschichte des Menschen ist mehrere tausend Jahre alt und hat immer wieder Höhepunkte hervorgebracht, die weit in die Zukunft strahlen. Aus der Ferne der Zeit, in unserer zur Gegenwart gewordenen Zukunft, erscheinen uns dann diese Hochkulturen zu Unrecht als starre Momente. Die Ausstellung zeigt, dass die Pyramiden nicht fertig vom Himmel gefallen sind. Die alten Ägypter haben sich die Pyramiden nicht ausgedacht und dann erbaut, sondern über Generationen hinweg entwickelt, in einem Zusammenwirken von Glauben und Macht, Wirtschaftskraft und technischem Fortschritt, herrscherlicher Vorliebe und vielen weiteren Faktoren. Die Leidenschaft für Ägypten spukte seit der Barockzeit in den Köpfen vieler Herrscher Europas. Sie hat Städtebauer und Gartenarchitekten inspiriert und am Schluss das ganze Bürgertum entflammt, sich zeitlich und örtlich in äußerst vielfältigen Manifestationen niedergeschlagen.

Aus der Perspektive der Entwicklungsgeschichte der Lebewesen, die vor tausenden von Millionen Jahren begonnen und eine unendliche Formenfülle hervorgebracht hat, ist die Kulturgeschichte des Menschen unglaublich kurz und einfach. Dabei stehen Naturwissenschaftler und Historiker immer wieder vor identischen Fragen, egal ob eine versunkene Kultur oder ein versteinerter Dinosaurier untersucht wird. Die erste Frage wird immer sein: Wie sah das aus? Die zweite ist vielleicht noch spannender: Wie konnte das Phänomen entstehen, wie vergehen? Mit den Dinosauriern haben wir uns 2004 beschäftigt, jetzt sind es die Pyramiden.

Während der Mensch einen Dinosaurier nicht neu erschaffen und zum Leben erwecken kann, lassen sich architektonische Elemente und Ideen aus seiner Geschichte jederzeit nachbauen und zu etwas Neuem zusammenfügen. Dies haben die Ägypter und lange nach ihnen die Mitteleuropäer immer wieder getan. Dabei ist eine Formenfülle entstanden, die sowohl die Wissenschaft wie auch die Ausstellungsmacher vor fast unlösbare Probleme stellt. Dr. Christian Tietze (Kurator, Universität Potsdam) schafft es mit Leihgaben aus vielen Museen und Modellen der unterschiedlichsten Gebäude, eine mehrere tausend Jahre umfassende Geschichte wissenschaftlich fundiert und spannend zu erzählen. Die Ausstellungsmacher Hans-Jörg Woite und Wolfgang Stärke haben mit ihren Mitarbeitern im wahrsten Sinne des Wortes Berge bzw. Pyramiden versetzt und das Projektteam vom Palmengarten unter der Leitung von Karin Wittstock hat alle Fäden zusammengehalten und sie von Giseh über Theben bis auf die Spielwiese im Palmengarten gespannt.

Das Gemeinschaftswerk ist gelungen. Wir hoffen, dass es alle begeistert, Jung und Alt, Geschichts- und Gartenfreunde, und allen ihren Wissensdurst durch Wissenswertes stillt. Allen, die die Ausstellung möglich gemacht haben, danke ich von Herzen.

Matthias Jenny
Palmengarten der Stadt Frankfurt am Main

Die Landpyramide im Pückler-Park Branitz bei Cottbus

Die ägyptischen Pyramiden übten schon seit jeher eine große Faszination auf die Menschheit aus. Die steinernen Monumente am Rande der Libyschen Wüste bildeten einst eine Kette von kristallinen Körpern, die weithin sichtbar den Blick aus dem Niltal nach Westen bestimmten. Über eine Länge von 80 Kilometern lassen sich über 100 Pyramiden nachweisen. Sie stehen nicht einzeln, sondern in Gruppen, umgeben von den Gräbern der königlichen Familienangehörigen und hohen Beamten und bilden so ganze Nekropolen. Fast 1000 Jahre wurden die Herrscher Ägyptens in diesen Bauten beigesetzt. Zu dieser königlichen Grabanlage gehörte nicht nur die Pyramide als Ort der Bestattung, sondern auch weitere Elemente, die den Pyramidenkomplex in kultischer Hinsicht vervollständigten: Der Taltempel am Ufer des Nils, der lange, gerade Aufweg, der zum Totentempel führte, und der große, mit einer Umfassungsmauer versehene Komplex auf dem Plateau der Wüste mit seiner gewaltigen Pyramide in der Mitte. In diesem Komplex ist die Pyramide von Königinnenpyramiden, der Kultpyramide und dem Totentempel umgeben.

Jede Pyramidenanlage war individuell gestaltet: Die Größe und die Form variierten, der Neigungswinkel und das Material wurden verändert, die Herstellungstechnologie entwickelte sich und die Gang- und Kammersysteme wurden immer wieder neu und anders gestaltet. Dabei war es keineswegs so, dass im Laufe der 1000 Jahre, die Pyramiden immer größer wurden und die Stabilität der Bauwerke sich erhöhte. Im Gegenteil: Es gab einen erstaunlich schnellen Prozess, der in einem Zeitraum von nur 130 Jahren (3. und 4. Dynastie, Altes Reich, 2267–2489 v. Chr.), also von wenigen Generationen, zu einem Höhepunkt und zu ihrer Vollendung führte. Diese erste Periode der Pyramidenentwicklung lässt sich in drei Schritten nachvollziehen:
– Djoser und sein Baumeister Imhotep müssen zunächst genannt werden, die eine Palastanlage vollständig aus Stein errichtet haben; ein Monument am Wüstenrand, in dessen Mitte als Grab eine Stufenpyramide stand
– Snofru, ein König der 4. Dynastie, der gleich drei gewaltige Pyramiden bauen ließ und dem wir die Entwicklung zur monumentalen klaren Pyramidenform verdanken
– und natürlich die drei Pharaonen Cheops, Chephren und Mykerinos, die auf dem Plateau von Giseh ihre einmaligen Grabmäler errichten ließen.

Nach dieser Zeit sollten die Bauwerke nie wieder die Größe und Festigkeit erreichen. Die Pyramidenanlagen wurden kleiner, die Nebenanlagen zwar zum Teil aufwendiger, aber insgesamt nahm die Qualität ab, bis schließlich im Mittleren Reich (2055–1650 v. Chr.) Lehmziegel und Schutt den Kern der Pyramiden bildeten, der allerdings mit einer Schicht von Kalkstein verkleidet wurde.

Die Pyramide von Cheops wurde zu einem der Weltwunder und zum Diskussionsgegenstand, der Laien und Fachleute immer wieder beschäftigte. Dabei stieß zumeist weniger die Motivation, die zum Pyramidenbau geführt hatte, auf größeres Interesse, vielmehr sind die eingesetzte Technik, die Geometrie, die Vermessung des Bauwerks und seine Proportionen, Verbindungen zur Astronomie, die Konstruktion der Gänge und Kammern und die Ausbildung der Luftschächte wichtig. Offenbar kann man in einer Zeit der industriellen Revolution auch nur nach Dingen suchen, die man aus den eigenen Erfahrungen heraus verstehen kann.

Was motivierte nun die Ägypter zu derartigen Meisterleistungen? Die Vergöttlichung des Pharao und die Teilhabe an diesem Prozess, waren über Jahrhunderte wesentliche Bestandteile der Ideologie und Motor für die königlichen Bauvorhaben. Wie konnte es zur Mitwirkung von 10 000 und mehr Menschen kommen? Eine der Wehrpflicht vergleichbare Arbeitsverpflichtung war wahrscheinlich die Grundlage, die zu einem »Gottesdienst – einem Dienst an den Göttern« führte. Und natürlich die Vorstellungen von einem Jenseits, das große Auswirkungen auf das Diesseits hatte. So hielten die Ägypter »die Zeit des Lebens für sehr kurz, die Zeit nach dem Tode für sehr lang. Daher nennen sie die Wohnungen der Lebenden Herbergen, die Gräber der Verstorbenen ewige Häuser. Auf jene verwenden sie daher keine erhebliche Mühe, diesen aber widmen sie eine großartige Ausstattung« (Diodor).

Im Neuen Reich (1550–1069 v. Chr.) boten die Pyramiden nicht mehr genügend Sicherheit – Grabräuber hatten sie geplündert. Und fortan wurden die Pharaonen in Felsengräbern beigesetzt. Im Tal der Könige und im Tal der Königinnen sollten die Herrscher nun eine sichere Ruhestätte finden. Dort aber, in der Nähe des Tals der Könige, begannen nun die Handwerker, die die Gräber der Könige schufen, sich selbst kleine Pyramiden als Grabbauten zu errichten. Sie bestanden aus Lehmziegeln und waren nur wenige Meter hoch.

Aber auch für königliche Bestattungen war die Pyramidenform nicht vergessen. Das südlich von Ägypten gelegene Reich von Kusch hielt diese Bestattungsform lebendig. Seit dem 3. vorchristlichen Jahrhundert ließen sich die Könige von Kusch in den südlich von Meroe gelegenen Nekropolen begraben. Hier entstanden Friedhöfe mit zahlreichen Pyramiden, deren Höhe jedoch nur maximal 30 Meter betrug.

Mit dem Hellenismus erfolgte ein kultureller Austausch im gesamten Mittelmeerraum. Und so fanden auch die Pyramiden kleinere Nachbildungen in anderen Ländern; sie dienten in Syrien, aber auch in Rom als Grabbauten. Die Cestius-Pyramide in Rom, es gab noch eine weitere Pyramide in der Nähe der Engelsburg, wurde – neben den zahlreichen Obelisken – zum Symbol für die Begegnung von Ägypten und Europa. Abenteurer, Pilger und Händler hatten nach einer Reise ins Heilige Land häufig auch Ägypten besucht. Und so erinnerte sie die Cestius-Pyramide an eine Kultur, die ihren Weg nach Europa gefunden hat.

Im 18. Jahrhundert breitete sich das Interesse an Ägypten in ganz Europa aus. So führten die Kavalierstouren europäischer Herrscher fast immer nach Rom und natürlich auch zur Cestius-Pyramide. Und das wirkte natürlich auch zurück. Es spielten in den französischen Gärten des späten Barocks, aber auch in den englischen Gärten in der Zeit der Aufklärung – neben vielen anderen Gartenarchitekturen – auch die Pyramiden eine große Rolle. Die Architekturelemente öffneten den Blick für vergangene Kulturen und wurden so zum Vorläufer der späteren Museen.

Es war ein Interesse geweckt, das die Napoleonische Expedition nach Ägypten begleitete, zur Entzifferung der Hieroglyphen führte und eine neue Wissenschaft, die Ägyptologie, entstehen ließ. Bei einer immer größer werdenden Öffentlichkeit ist dies auf die ägyptische Religion und ihre Jenseitsvorstellungen zurückzuführen, die im kulturellen Gedächtnis der Menschheit bewahrt blieb. Wenn heute jährlich Millionen Menschen nach Ägypten reisen, so kommt niemand ohne die Erinnerung an diese Monumente zurück.

Christian Tietze

Bernd Modrow

GARTEN-PYRAMIDEN IN HESSEN –
IM PARK WILHELMSHÖHE UND IN WILHELMSBAD

Pyramiden in Historischen Parks im Bundesland Hessen sind dreifach bekannt. Im Park Wilhelmshöhe die Herkules-Pyramide des barocken Karlsberges unter Landgraf Karl und die Pyramide des frühen Landschaftsparks unter Landgraf Friedrich II. sowie in Wilhelmsbad die Pyramide im empfindsamen Landschaftspark des Erbprinzen Wilhelm von Hessen-Kassel. Wiewohl die symbolische Wirkung der Pyramide an allen drei Orten unterschiedlich ist, kann doch davon ausgegangen werden, dass als Vorbild die Cestius-Pyramide in Rom galt.

Bereits im Jahre 11 v. Chr. wurde in Rom nahe der Porta S. Paolo eine Pyramide als Grabmal für den Praetor und Volkstribun Gaius Cestius Epulonius errichtet. Im Zuge der Stadtbefestigung wurde sie in die Aurelianische Mauer mit einbezogen. Die 36 Meter hohe Pyramide auf quadratischer Basis ist mit quadratischen Marmorplatten verkleidet. Sie ging auf ägyptische Vorbilder zurück.

In der unmittelbaren Umgebung der Cestius-Pyramide entstand ein Friedhof auf dem landfremde, nicht katholische Einwohner Roms ihre Ruhestätte fanden. Begräbnisse durften angeblich nur heimlich, nach Anbruch der Dunkelheit erfolgen. An diesem Ort sind zahlreiche Künstler, Gelehrte und Diplomaten überwiegend aus Skandinavien, England und Deutschland beerdigt worden. Unter anderen liegt auch der Sohn Goethes hier auf dem heute als »Protestantischer Friedhof« bezeichneten Ort. Aufklärerischem Gedankengut entsprechend, erhielt der Friedhof und damit die Cestius-Pyramide in der zweiten Hälfte des 18. Jahrhunderts eine ideelle und symbolträchtige Bedeutung.

Abb. 1: Cestius-Pyramide in Rom

Im Barock, aber auch im Rokoko und Klassizismus wurde nicht nur die römisch-antike Baukunst wieder belebt, sondern auch altägyptische Bauformen erfuhren großen Zuspruch. Ägypten galt ebenso wie das antike Rom als Ort von Kultur und Wissenschaft. Im 18. Jahrhundert war Rom der Ort für Künstler und Architekten, Zeugnisse ägyptischer Baukunst zu studieren. In Rom konnte die Nachbildung am Original erfolgen oder man konnte sich anhand der zahlreichen Kunsttopographien informieren. Giovanni Battista Piranesis Kupferstichmappen sowie die Beschreibungen vieler Bildungsreisender auf ihrer »Grand Tour« trugen zu einer großen Verbreitung bei[1]. Obeliske, Pyramiden und Sphingen waren beliebte Kunstmotive, die überall Nachahmer fanden, so auch bei den Landgrafen in Hessen.

DIE HERKULES-PYRAMIDE IM BAROCKEN KARLSBERG

Unter Landgraf Karl entstanden ab 1701 bis 1707 das Oktogon und die Kaskaden. Angeregt durch die Gartenkunst dieser Zeit sowie durch die Gärten, die Karl auf seiner Italienreise 1699-1700 besuchte, beauftragte er den Italiener Giovanni Francesco Guerniero mit der Planung der Anlage auf dem Weißenstein bei Kassel.

1701 begann Guerniero mit den Arbeiten. In einem 1705 erschienenen Stichwerk, »Delineatio montis«, dokumentierte Guerniero das ursprüngliche Vorhaben. Ausgehend von einem oktogonalen Felsenschloss auf der Kuppe des Habichtswaldes sollte sich eine dreigeteilte, durch Fontänen, Bassins und Grotten unterbrochene Kaskadenanlage auf einer Länge von etwa 1000 Metern bis zu einem fast 300 Höhenmeter tiefer liegenden Schloss erstrecken. Vorbild für diese riesige Wasseranlage dürfte vor allem die Villa Aldobrandini bei Frascati gewesen sein, die Landgraf Karl auf seiner Italienreise besucht hatte.

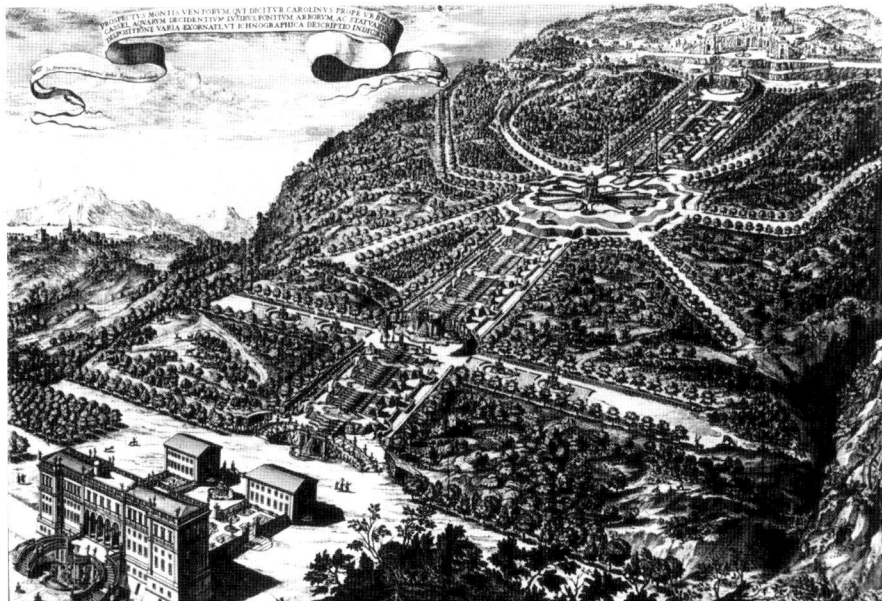

Abb. 2:
Entwurf für den Carlsberg,
G. F. Guerniero,
»Delineatio Montis«,
Cassel (1706)

Entgegen der ursprünglichen Planung wurde das Oktogon um eine Pyramide erweitert, bekrönt von der Kolossalstatue des »Herkules Farnese«, eine aus Kupferblech geschaffene Plastik. Das Original, eine 1546 bei Abbrucharbeiten in den Caracallathermen gefundene römische Kopie einer griechischen Statue aus dem 4. Jahrhundert v. Chr., hatte Karl auf seiner Reise im Hof des Palazzo Farnese in Rom gesehen. Herkules Farnese, der den ausgeführten Raub der goldenen Äpfel aus dem Garten der Hesperiden zum Thema hat, war im 17. und 18. Jahrhundert ein beliebtes Motiv für Gartenplastiken und wurde in zahlreichen Anlagen als Kopie aufgestellt. Der Halbgott Herkules war ein Symbol des untadeligen Herrschers, der aufgrund seiner unbezwingbaren Kräfte die Natur lenkte, die Erde zivilisierte sowie als »Herkules am Scheideweg« den Verlockungen des Lasters widerstand und den Pfad der Tugend einschlug. Am höchsten Punkt der Anlage und weithin sichtbar beherrscht Herkules die Stadt und die Landgrafschaft.[2] Die darunter liegenden Wassertheater mit den Grotten beziehen sich in ihrer skulpturalen Ausstattung auf Herkules – auch wenn dieser aus einer späteren Bauphase stammt. Dargestellt ist die Gigantenschlacht: Die Giganten wollten im Kampf den Olymp erobern. Nur mit Herkules' Hilfe gelang es den Göttern, die Giganten zu besiegen. Der Stärkste, Enkelados, liegt im »Riesenkopfbecken« unter Felsen begraben. Mit letzter Kraft sprüht er das Wasser in einer Fontäne zu dem weit über ihm, in olympischen Höhen stehenden Herkules.

Nur etwa ein Drittel des Idealplanes wurde ausgeführt. Die barocke Grundkonzeption mit der beherrschenden Hauptachse jedoch war festgelegt, als Guerniero 1715 Kassel verließ.

Seit 300 Jahren wird das Kasseler Becken von dem am Habichtswaldrand stehenden gewaltigen achteckigen Bauwerk mit der Herkulespyramide bestimmt. Zusammen mit den darunter angelegten Kaskaden und Grotten bis zum Neptunbecken über eine Länge von 300 Metern stellte dieses Bauwerk mit dem einst formal gestalteten Park, eine der größten Schöpfungen der Barockzeit dar.

Abb. 3:
Das Oktogon mit Pyramide und Herkules

Das Oktogon wurde auf dem Gipfel des sogenannten Karlsbergs als offenes, dreigeschossiges Grottenbauwerk mit Belvedere aus Tuffstein errichtet. Die Fassade des zweigeschossigen Unterbaues hat von der Struktur eine felsenartige Oberfläche. Im Inneren liegt ein Hof und darin ein Wasserbecken mit seitlich angegliederten Grottenräumen. Über dem Belvedere befindet sich eine Aussichtsplattform. 1713 wurde Guerniero vom Landgrafen beauftragt auf dem Oktogon eine Pyramide mit einer Nachbildung des Herkules Farnese zu errichten. Beides hatte der Landgraf auf seiner Italienreise 1701 in Rom besichtigen können. Die Pyramide galt im 18. Jahrhundert als Herrschaftssymbol.[3] Ein Geschoss hoher Sockel trägt die steil aufragende, einem Obelisken gleiche, 26,10 Meter hohe Pyramide. Darüber steht die 8,25 Meter große Herkulesfigur auf einem dreieinhalb Meter hohen Sockel. Sie wurde von dem Augsburger Goldschmied Johann Jakob Anthoni aus Kupferblech geschaffen. In die Spitze der Pyramide führt eine Wendeltreppe. Durch ein enges Loch gelangt man von hier in die Figur. Durch diese Zusätze wurde die Monumentalität des Bauwerkes noch gesteigert.

Im Laufe der langen Geschichte dieses Bauwerkes mussten immer wieder Reparaturarbeiten vorgenommen werden, sei es wegen des Bauuntergrunds oder sei es wegen der verwendeten Baumaterialien. Seit 2006 erfolgt wieder eine umfassende Sanierung.

Abb. 4:
Kaskaden im
Park Wilhelmshöhe,
Kassel

DIE PYRAMIDE ALS FREIHEITSSYMBOL IM LANDSCHAFTSPARK WILHELMSHÖHE

Unter Landgraf Friedrich II. begann ab 1763 die Frühphase der landschaftlichen Überformung durch Hofgärtner Daniel August Schwarzkopf. Die zentrale »Herkulesachse« blieb unberührt und wurde sogar bis in die Stadt weitergeführt. Beiderseits der Achse sowie der regelmäßigen Alleen und Hecken durchzogen geschlängelte Wege und Wasserläufe in den »wilden Partien« den Berghang. Zahlreiche Skulpturen, Tempel und Pavillons wurden errichtet. Auf diese Weise entstanden im Gelände einzelne Szenen mit unterschiedlichen Themen. So führte man den Spaziergänger zu Szenen aus der griechischen Mythologie sowie aus Ovids Metamorphosen, die im 18. Jahrhundert ausgesprochen beliebt waren. Südlich des Schlosses entstand entsprechend dem Zeitgeschmack das chinoise Dörfchen »Mulang«.

Abb. 5:
Das Grabmahl des Vergil

Mit der veränderten Auffassung von Natur war eine wesentliche Voraussetzung für den Beginn des Landschaftsgartens gegeben. In ihrer Wahrnehmung zeigt sich ein verändertes Verhältnis zur Natur – und darin zeigt sich der aufgeklärte Bürger. Mit der Ausbreitung der Aufklärung war die Entstehung des Landschaftsgartens unmittelbar verbunden. Bildung galt als Grundprinzip der Aufklärung. Die Pyramide kann als Freiheitssymbol des Landschaftsgartens aufgefasst werden.[4] Eine Vielzahl geschlängelter Wege durchzog den vorromantisch-sentimentalen Park. Überall standen Staffagebauten herum, zum größten Teil aus Holz gefertigt und nur wenige aus Stein wie das Grab des Vergil und die Pyramide, die bis heute erhalten sind.

Die Pyramide im Park wurde von dem Architekten Simon Louis du Ry 1775 errichtet. Über der quadratischen Grundfläche erhebt sich die aus Tuffsteinquadern bestehende Pyramide. An der Ostseite kann man durch ein Portal mit rundem Bogen in den gewölbten Innenraum gelangen. Auf der gegenüberliegenden Seite befindet sich ein rundes Fenster. Die jeweiligen Ecken werden durch profilierte Tuffsteinquader betont. Auf einem Jugendbildnis zeigt sich der Fürst der Aufklärung, Landgraf Friedrich II. (1760–1785), vor einer Pyramide.[5] Wilder Bewuchs umgibt das Bauwerk, das somit Teil der Landschaft wird. Im Park Wilhelmshöhe ist die Pyramide Teil des umgebenden Parks.

Abb. 6:
Die in Sanierung befindliche Pyramide im Park Wilhelmshöhe

Ganz in der Nähe im Peterwäldchen wurde das Grabmal des Vergil ebenfalls um 1775 Simon Louis du Ry erbaut. Über einem quadratischen Grundriss erhebt sich ein aus Basalt-Bruchsteinquadern gemauertes Geschoss mit Rundbogenportal. Über einer Deckplatte ist ein Kegelstumpf aufgesetzt, ebenfalls aus Quadersteinen, der bewusst ruinös aussieht. Der Innenraum besteht aus einem Kreuzgratgewölbe.

Die vorromantisch-sentimentale Phase des Gartens endete 1785 mit dem Tod Friedrichs II. Landgraf Wilhelm IX. ließ von 1786–98 das neue Schloss errichten und parallel durch Schwarzkopf die Umgestaltung in einen Landschaftspark weiterführen. Seit 1798 tragen Schloss und Park den Namen Wilhelmshöhe.[6]

War die Parkgestaltung unter Friedrich II. noch von mythologischen und philosophischen Themen geleitet, stand nun die Natur in ihren vielfältigen Erscheinungsformen im Vordergrund. Bis auf die Kaskaden unterhalb des Oktogons wurden die regelmäßigen Elemente ausgeräumt. Das Wasser blieb das beherrschende Thema. Statt eng geschlängelter Bachläufe entstand ein Hauptwasserlauf, der durch verschiedene Wasserfälle unterbrochen war. Ab 1788 schuf der Architekt Heinrich Christoph Jussow das Aquädukt, eine ruinöse, römisch-antikisierende Wasserleitung. 1792 wurden der Wasserfall an der Teufelsbrücke sowie der Steinhöfer Wasserfall errichtet. Sie entstanden in Zusammenarbeit mit dem Brunneninspektor Karl Steinhofer, der bis in die 1820er-Jahre für Bau und Pflege der Wasseranlagen verantwortlich war.

Als wichtiger Neubau neben dem Schloss ist die von 1793 bis 1801 durch Jussow errichtete künstliche Ruine der Löwenburg zu nennen. Bereits 1782 hatte der bedeutende Gartentheoretiker Christian Cay Lorenz Hirschfeld in seiner Theorie der Gartenkunst die Errichtung einer Ruine als Gegenstück zum gewaltigen barocken Herkulesoktogon empfohlen. An diesen Ort zog sich der Landgraf aus dem höfischen Leben zurück in eine idealisierte mittelalterliche Welt. Für Wilhelm IX. war die Löwenburg Parkstaffage, Rückzugsort, Lustschloss und Mausoleum zugleich.

1806–13 ruhten die Arbeiten im Park. Kassel war von französischen Truppen besetzt und wurde als Hauptstadt des Königreiches Westphalen von Jérôme, dem Bruder Kaiser Napoleons, regiert. Aus dieser Zeit ist das von Leo von Klenze (1784–1864) errichtete Ballhaus in der Plantage nördlich des Schlosses erhalten.

Erst nach der Regierungsübernahme durch Kurfürst Wilhelm II. (1821), vor allem aber durch Kurfürst Friedrich Wilhelm (1831) erfolgten erneut Arbeiten im Park. Ab 1822 wurde durch Hofbaumeister Johann Conrad Bromeis das Große Pflanzenhaus als einer der frühesten Glas-Eisen-Bauten auf dem Kontinent errichtet.

Die letzte große Parkerweiterung fand in den 1830er-Jahren durch Hofgartencontrolleur Wilhelm Hentze statt. Der Bereich um die ehemalige Meierei Mont Cheri und die Wilhelmshöher Baumschulen wurde völlig neu angelegt. Zentrum dieser Parkerweiterung ist der 1826–28 von Steinhofer geschaffene Neue Wasserfall. Dieser abseits der üblichen Parkerschließung gelegene Bereich zeichnet sich durch eine abwechslungsreiche und harmonische Verbindung von Geländemodellierung, Wege- und Wasserführung, Wechsel von Gehölzgruppen und Wiesenflächen, langen Sichtachsen und einer großen Zahl von unterschiedlichen Gehölzen aus.

In den folgenden Jahrzehnten standen Parkpflege und Bauerhaltung im Vordergrund. Besonders das Oktogon und die Vielzahl der Wasseranlagen verursachten hohe Kosten.

1866 fiel das Kurfürstentum Hessen-Kassel an Preußen. Der Park war nun der preußischen Hofgartendirektion in Potsdam-Sanssouci unterstellt. Den Hofgärtnern Franz Vetter (tätig 1864–1891) und Ernst Virchow (tätig 1899–1918) gelang es in vorbildlicher Weise die hohe Qualität des Landschaftsparks Wilhelmshöhe zu erhalten und auf der nunmehr kaiserlichen Sommerresidenz Wilhelmshöhe gezielt Neuerungen einzubringen, wie zum Beispiel die Teppich- und Schmuckbeete in Schlossnähe.

Im 240 Hektar großen Park Wilhelmshöhe sind bis heute die unterschiedlichen Gestaltungsphasen vom Beginn des 18. bis ins frühe 20. Jahrhundert vorhanden. Die prägenden Elemente der barocken Anlage wurden geschickt in die landschaftliche Umgestaltung einbezogen, ebenso können die verschiedenen Entwicklungsstufen des Landschaftsgartens seit dem Ende des 18. Jahrhunderts noch heute nachvollzogen werden. Ziel der Gartendenkmalpflege ist daher die Erhaltung dieser wie Folien übereinanderliegenden Gestaltungsphasen des aufgrund seiner hohen gestalterischen Qualität, der Berglage und nicht zuletzt der Wasserkünste herausragenden Gartenkunstwerks.

DIE PYRAMIDE IM EMPFINDSAMEN LANDSCHAFTSPARK WILHELMSBAD

Im Wald von Hanau wurde 1709 eine Heilquelle, der »Gute Brunnen«, entdeckt. 1777 begann der junge Erbprinz Wilhelm von Hessen-Kassel (1734–1821) mit dem Architekten Franz Ludwig von Cancrin (1738–1816) mit dem Ausbau als Kur- und Badeort. Als Landgraf Wilhelm IX. von Hessen-Kassel verließ der Erbprinz Hanau, um in Kassel zu residieren. Wenig später versiegte die Quelle und der Kurbetrieb erlosch. Diesem Umstand ist es zu verdanken, dass die Anlage in der Folgezeit von Überformungen weitgehend verschont blieb. Eines der frühesten Beispiele des »empfindsamen« Landschaftsparks in Deutschland mit einer Vielzahl vorromantischer Szenerien ist somit erhalten.

Entlang der regelmäßigen Promenade reihen sich die Gebäude mit Komödienhaus, Arkadenbau, Kavalierhäuser und dem ehemaligen Badehaus auf. Die Promenade mit der Schatten spendenden Lindenallee diente zum Aufenthalt der Gäste. Hier befindet sich der Brunnentempel, dessen Skulpturenausstattung einen Äskulaptempel darstellt. Weiter im Park, auf geschwungenen Wegen zu erreichen, liegt das Karussell, als römischer Rundtempel 1779 gebaut. Es gilt als Meisterwerk der Ingenieurbaukunst und wird zurzeit wieder restauriert. Im Nordpark liegt versteckt die Grotte für den Einsiedler, die Eremitage. Zusammen mit weiteren Einrichtungen wie einer Teufelsbrücke und einem Gewölbe soll bewusst eine sentimentale Stimmung vermittelt werden.

Abb. 7:
Die Burginsel mit Burg- und Küchenbauruine, im Hintergrund das Karussel. Ansicht der Burg in Wilhelmsbad. Anton Tischbein (um 1783)

Das Wasser stellt ein wichtiges Element im Park dar. Der Braubach bildet durch Aufstauung Teiche und soll den Eindruck eines Flusses erwecken. Auf dem Wasser fuhren einst kunstvoll gebaute Gondeln. Auf einer Insel befinden sich die ehemaligen Wohnräume des Erbprinzen in Form einer 1779 erbauten mittelalterlichen Burgruine als Rückzugsmöglichkeit vom höfischen Leben. Alte knorrige Eichen sollen das hohe Alter noch unterstützen. Die bis 1999 restaurierte prunkvolle innere Ausstattung steht in starkem Kontrast zum verfallenen Äußeren der Ruine. Die neugotische Architektur der 1772 erbauten Burg in Shrubs Hill im Park von Windsor (England) ist eines der Vorbilder für Wilhelmsbad.

Ein Ort ganz besonderer Art stellt die Insel mit der Grabpyramide im aufgestauten Brauchbach dar. Der frühe Tod seines erstgeborenen gerade zwölfjährigen Sohnes Friedrich war im Jahre 1784 Anlass für Erbprinz Wilhelm zum Bau eines besonderen Trauer- und Erinnerungsmales. Als Standort wurde eine kleine Insel vor seinem »Lieblingsort«, der Burgruine, im Landschaftspark gewählt. Das Motiv für das Monument war eine ägyptische Pyramide. Im Inneren der Pyramide wurde eine Urne aus weißem Marmor aufgestellt.

Nach dem Vorbild der Cestius-Pyramide in Rom aus dem 12. Jahrhundert hatte schon sein Vater Friedrich II. auf Wilhelmshöhe 1775 eine Pyramide errichten lassen. Aufklärerisches Gedankengut mit einem anderen Verhältnis zum Tod, aber auch zu den unterschiedlichen Religionen spiegeln sich in diesem Monument wider. Als stimmungsträchtige Staffage etabliert sich dieses Motiv im Landschaftsgarten im letzten Drittel des 18. Jahrhunderts. Vergleiche mit der in Ermenonville bei Paris 1778 erbauten Rousseau-Insel sowie deren Nachbildung im Wörlitzer Park 1782 dienen auch in Wilhelmsbad als Vorbild.

Abb. 8:
Pyramide mit den seitlich gepflanzten Pyramidenpappeln

Die »unerreichbare« Insellage, die Umpflanzung mit Pyramidenpappeln, der kurz geschnittene Rasen ringsum sind überall ähnlich. Während die Rousseau-Insel in Ermenonville jedoch bis zur Überführung der Gebeine Rousseaus nach Paris eine wirkliche Begräbnisstätte war, so sind die Pyramideninsel in Wilhelmsbad oder die Rousseau-Insel in Wörlitz als Gedenkstätten zu betrachten. Die Umpflanzung mit Pyramidenpappeln ist ein Ersatz für die in unseren Breiten nicht frostbeständigen Zypressen des Mittelmeerraumes.[7]

Im letzten Drittel des 18. Jahrhunderts etablierten sich im Landschaftsgarten diese Motive als stimmungsträchtige Staffage. Die Verwendung der Pyramide oder des Obelisken als Denkmal war verbunden mit gewissen Assoziationen zu Grabmal und Trauer sowie der Erinnerung an vergangene »glorreiche Zeiten«. Im Zeitalter der Empfindsamkeit diente das Grabmal nicht nur als Erinnerung an einen einzelnen Menschen, sondern es sollte ganz allgemein an die Vergänglichkeit ermahnen. Das Grabmal hatte auch eine ästhetische Bedeutung. Der Gartentheoretiker C. C. Hirschfeld reihte die Begräbnisstätten in die »melancholische Gattung« von Gärten ein: »Das Ganze muß ein großes, ernstes, düsteres und feyerliches Gemälde darstellen, das nichts Schauerhaftes, nichts Schreckliches hat, aber durch die Einbildungskraft erschüttert, und zugleich das Herz in eine Bewegung von mitleidigen, zärtlichen und sanft melancholischen Gefühlen versetzt. Sollte ein öffentlicher Begräbnißplatz ... nicht ein unterhaltender Spaziergang für den Weisen, nicht ein erwünschter Zufluchtsort der nachweinenden Liebe seyn?«[8]

Künstliche Ruinen, wie die Burg auf der Nachbarinsel, meist als gotische Gebäude errichtet, spielen im Landschaftsgarten der zweiten Hälfte des 18. Jahrhunderts eine wichtige Rolle. Im Sinne der Aufklärung spiegeln sie den Ausdruck von Freiheit, Unabhängigkeit, Individualität, natürliche Schönheit und Einfachheit wider. Hirschfeld empfiehlt ausdrücklich die Errichtung von Ruinen »als Erweiterung und Verstärkung der Gartenempfindungen«. Dadurch dass sich das Äußere in einem ruinösen Zustand befindet, soll die Natürlichkeit gegenüber dem Gebauten an Bedeutung gewinnen. Die Gotik steht für die Täuschung des Alters. Es bleiben auf der Insel die knorrigen alten Eichen erhalten, wie es auf den Tischbein-Abbildungen gut zu erkennen ist. Es soll eine melancholischen Stimmung inszeniert werden.

20　Bernd Modrow

Von zahlreichen Malern ist die Insel immer wieder gemalt worden. Der Maler A. W. Tischbein lässt uns die Pyramideninsel erblicken in einer Gouache von 1784. Wir sehen von der Promenade aus über den Teich zur Insel mit der Pyramide. Pappeln sind seitlich gepflanzt. Die Böschung der Insel ist mit kurz geschnittenem Rasen bewachsen. Im Inneren der Pyramide ist auf einem Podest in der Größe der Türöffnung eine Urne zu sehen. Auf dem Teich fahren Boote. Im Hintergrund sieht man die Burgruine. Zu dieser Insel mit der Burg führen auf zwei Seiten Bogenbrücken. Im Vordergrund bewegen sich Gäste des Kurbades auf der Promenade oder sitzen auf den Steinbänken.

Abb. 9:
Die Pyramide in Wilhelmsbad im 18. Jahrhundert
Anton Wilhelm Tischbein, »Teich mit Pyramideninsel« (um 1785)

Bis heute sind in Wilhelmsbad deutlich die gewünschten Wirkungen des Parks auf den Besucher – in diesem Fall der Erholung und Genesung suchende Kurgast – erfahrbar.[9]

Merkmal des Parks ist, dass die in den zeitgenössischen Gartentheorien formulierte Forderung nach der »varieté« (Abwechslung) auf verschiedenen Ebenen verwirklicht wurde. Die konkrete Zerstreuung der Kurgäste erfolgte durch Unterhaltung und Bewegung in Form von Heckentheater, Spielgeräten, Karussell oder Schießbahn. Während man vom Heilwasser Genesung für den Körper erwartete, sollte die sinnliche Naturerfahrung eine positive Wirkung auf den Geist des Kurgastes ausüben. Im Vordergrund standen dabei die »Charaktere der Landschaften«, verstärkt durch Staffagebauten, die beim Spaziergänger Empfindungen hervorrufen sollten. So war die Pyramide nicht nur persönliches Erinnerungsmal Wilhelms an seinen verstorbenen Sohn, sondern stand auch in der Tradition von Vorbildern, die der gebildete Besucher wiedererkannte. Sie sprach Gefühle wie Trauer, Melancholie und Erinnerung an. Von Bedeutung war auch das bewusste Erleben des Wechsels der Empfindungen beim Durchschreiten der verschiedenen Szenen: Beispielsweise wird der Spaziergänger aus dem dichten, melancholische Stimmungen erzeugenden Wald kommend durch den dunklen Tunnel unter dem Karussell zu dem heiteren, lichten Wiesental mit dem Ausblick auf die Gebäudereihe an der Promenade geführt.

Ziel der gartendenkmalpflegerischen Arbeiten ist daher die Erhaltung dieses »Parks der Empfindsamkeit« in seinem Zustand vom Ende des 18. Jahrhunderts und die sukzessive Wiederherstellung einzelner verlorener Elemente und Parkpartien auf der Grundlage der historischen Quellen. Wesentliche Bereiche der Anlage wurden in den letzten Jahren restauriert. So konnte ein Teil der im Untergrund liegenden Wege ergraben und die ursprüngliche Wegeführung wiederhergestellt werden; Gleiches gilt für die Hügel mit den Aussichtsplätzen im Boskett vor den Kurgebäuden und den Schneckenberg. Ebenso wurde ein Teil der historischen Spielgeräte nachgebaut und im Park aufgestellt.

1 Wolschke-Bulmahn, Joachim, Anmerkungen zum Pyramidenmotiv in der Geschichte der Gartenkunst. In: I. Formann, M. Karkosch (Hg.), Alles scheint Natur, so glücklich ist die Kunst versteckt, München 2007.

2 Modrow, B. Gröschel, C., Fürstliches Vergnügen, 400 Jahre Gartenkunst in Hessen, Regensburg 2002, S. 97ff.

3 Ludwig, Thomas, Der Herkules in Kassel, Herkules, Oktogon und Kaskaden im Schlosspark Wilhelmshöhe, Broschüre 22, Edition der Verwaltung der Staatlichen Schlösser und Gärten Hessen, Regensburg 2004., S.40.

4 Buttlar, A., Der Landschaftsgarten, München 1980, S. 87ff.

5 Becker, H., Karkosch, M., Park Wilhelmshöhe Kassel, Parkpflegewerk, Monographien B. 8, Edition der Verwaltung der Staatlichen Schlösser und Gärten Hessen, Regensburg 2007.

6 Becker, H., Schlosspark Wilhelmshöhe, hg. von der Verwaltung der Staatlichen Schlösser und Gärten Hessen, Broschüre 14, Regensburg 2002.

7 Clausmeyer-Ewers, B., Staatspark Wilhelmsbad, Hanau. Historische Analyse, Dokumentation, Gartendenkmalpflegerische Zielplanung, Band 6, Edition der Verwaltung der Staatlichen Schlösser und Gärten Hessen. Regensburg 2002.

8 Conert, Elke, Wilhelmsbad, Garten der Empfindsamkeit, Hanau 1997, S. 120.

9 Modrow, B., Gröschel, C., Fürstliches Vergnügen, 400 Jahre Gartenkunst in Hessen, Regensburg 2002.

Christian Tietze

PYRAMIDEN IN BRANDENBURG

VORGESCHICHTE

Die Rezeption Ägyptens und insbesondere die Darstellung der Pyramiden wird bis zum ausgehenden 18. Jahrhundert aus den unterschiedlichsten Quellen gespeist. Neben den antiken Schriftstellern und ihrer Wiederentdeckung in der Renaissance war es das Bild der Bibel, das die Vorstellungen von Ägypten wachhielt. Seit dem 17. Jahrhundert wurden Fantasie und Neugier durch die Reiseberichte und Romane genährt. Erst mit der Napoleonischen Expedition 1798/99 konnte man auf ein realistisches Ägyptenbild hoffen.

Nur vereinzelt zeichnen die antiken Quellen ein Bild vom Land der Pyramiden. Es muss zuerst Herodot von Halikarnassos (484–425 v. Chr.) genannt werden, der höchstwahrscheinlich um 450 v. Chr. Ägypten besuchte.[1] Er liefert nicht nur eine erste Beschreibung der Pyramiden, sondern versucht auch ihre Bauweise zu erklären.[2] Durch die Geschichtsdarstellung des ägyptischen Priesters Manetho wird um 280 v. Chr. die Geschichte des Landes in 30 Dynastien dargestellt; eine Grundlage, die noch heute für die Zuordnung der Pyramidenerbauer von Wichtigkeit ist und in der Ägyptologie Gültigkeit besitzt. Auch Diodorus Siculus (um 80–29 v. Chr.) liefert uns in seiner Historischen Bibliothek eine Darstellung Ägyptens bis in Cäsars Zeit.[3] Ebenso widmet Plinius d. Ä. (23/24 –79) in seiner »Naturalis historiae« – einem gewaltigen nach Kontinenten geteilten Sammelwerk – Ägypten eine Beschreibung.[4] Schließlich berichtet der jüdische Geschichtsschreiber Josephus Flavius (37– um 100), dass das Volk Israel auch zum Bau der Pyramiden herangezogen wurde.

Da für den Europäer eine objektive Information über die Größe und die Form der Pyramiden fehlte, assoziierte man sie mit den in Rom vorhandenen Pyramiden. Dort gab es mindestens zwei Bauwerke dieses Typs: Die eine war in die Hadriansmauer integriert, die andere befand sich in der Nähe der Engelsburg – Letztere ist heute verschwunden.[5] Beide zeichnen sich – im Gegensatz zu ihrem ägyptischen Vorbild – durch einen steilen Neigungswinkel und eine Höhe von etwa 40 Metern aus.

Auch die islamischen Quellen verdunkeln die Geschichte der Pyramiden mehr, als dass sie uns über ihre Funktion aufklären. Man glaubte, dass in ihnen antikes Wissen aufbewahrt sei und nannte sie als Erstes unter den Weltwundern.[6]

Im Mittelalter blieben die Vorstellungen von Ägypten durch das Alte und das Neue Testament in Erinnerung. Die Reise Abrahams nach Ägypten soll erwähnt werden.[7] Der spätere Aufenthalt des Volkes Israel in ägyptischer Knechtschaft, die Plagen, die über das Land hereinbrachen und die Rückkehr ins Gelobte Land zeichnen ein eher negatives Bild.[8] Die unterschwellige Kunde von den Pyramiden und die Mitteilung, dass man die »Städte Pithon (Pithom) und Raemses (Piramesse oder Ramsesstadt) zu Vorratshäusern ausbaute«, verschmolz man miteinander, sodass man von den Pyramiden als den »Kornkasten Pharaos« sprach.[9] Im Neuen Testament wird Ägypten als Zufluchtsort vor dem angekündigten Kindermord des Herodes für Jesus und seine Mutter erwähnt.[10]

In der Renaissancezeit wurde auch das Interesse an Ägypten geweckt. In den Hieroglyphen – die »heiligen Zeichen« fand man auf den Trümmern der Obelisken in Rom – suchte man den Ursprung der Schrift überhaupt. Gleichzeitig sah man in ihnen Urformen der Kunst, in Parallele zu den Impresen, Devisen und Emblemen dieser Zeit, die persönliches und gesellschaftliches Verhalten symbolisierten. In der Hypnerotomachia Poliphili, der Liebesschlacht im Traume, einem 1499 in Venedig erschienenen Roman, finden sich in den Illustrationen auch ägyptische Motive, so u. a. eine Stufenpyramide, die von einem Obelisk gekrönt wird.[11] Eine andere Darstellung zeigt einen obeliskentragenden Elefant, der später Bernini dazu inspirierte, vor der Kirche Santa Maria sopra Minerva in Rom eine gleichgestaltete Skulptur aufzustellen.

Abb. 1: Colonna, Francesco, Hypnerotomachia Poliphili, Venedig (1499)

Weit verbreitet waren in dieser Zeit die Sinnbilder. So zeigt ein Emblem einen achteckigen von Efeu umwundenen Obelisk mit der Inschrift »PRINCIPUM OPES, PLEBIS ADMINICULA« (Die Schätze der Fürsten sind die Stützen des Volkes).[12] Auf einem anderen Sinnbild wird ein Obelisk in der Funktion einer Sonnenuhr mit dem Sinnspruch »IMMOTE FLECTITUR UMBRA« (er bleibt unbewegt, während sein Schatten wandert) dargestellt. Und hier wird das Motiv der Standhaftigkeit folgendermaßen erläutert: »Ein rechter Mann gleicht einer Säule oder einem standhaften Obelisken, auf dessen Spitze eine abnehmende Mondsichel angebracht ist, über die hinweg die Sonne ihre Bahn nimmt. Er fürchtet die Schicksalsschläge kaum, kein Mißgeschick verletzt ihn. Die Leiden sind nur die Schatten seiner Mondsichel: sie wandeln sich, doch er bleibt standhaft.«[13] Und noch ein drittes Sinnbild soll genannt werden, dort heißt es: IN OSTIO FORMOSA, IN RECESSU NIHIL (Sie kann sonst zu nichts taugen – als zu füllen nur die Augen). Dieses wird dann kommentiert: »Es ließ das Alterthum sich Pyramiden bauen/ Die da zu nichts nutz als nur bloß anzuschauen: Ein Weibs-Bild, welches da auch euserlich nur schön/ Was ist daran doch mehr als die Gestalt zu sehn. Ein tugendsames Weib soll man mehr Ehr' erweisen/ Als die auswendig ist nur bloß für schön zu preisen: Ein schöner Leib ist was; doch einen schönen Geist/ Den lieb´ ich mehr als ihn/ den preis' ich allermeist.«[14]

Abb. 2: »IMMOTE FLECTITUR UMBRA«

Obelisk und Pyramide werden in dieser Zeit gleichgesetzt. Insgesamt galten Pyramide und Obelisk als Zeichen für Festigkeit und Standhaftigkeit und als Symbol für den langen und beschwerlichen Weg zur Tugend und als Zeichen für nutzlose äußerliche Schönheit. Diese Deutungen hielten sich bei den Freimaurern und anderen geheimen Gesellschaften bis in das 19. Jahrhundert.

Auch die Reiseberichte müssen genannt werden. Die Beschreibung Ägyptens und seiner Pyramiden erfolgte zumeist nach einem Besuch im Heiligen Land. Schon im 14. und 15. Jahrhundert geben sie ein Bild von den Pyramiden, das ihre imponierende Größe, ihre große Zahl und den Aufbau aus Quadern richtig darstellt. Nur über ihre Funktion gibt es widersprüchliche Aussagen. Ganz offenbar kann sich mancher Reisende nicht von der Vorstellung trennen, dass es sich doch nicht – wie antike Quellen berichten – um Getreidespeicher handelt. Zumindest einige der Pyramiden waren zugänglich, denn es wird das Innere als leer beschrieben. Außen seien sie mit Inschriften in verschiedenen Sprachen verziert, heißt es. Einen Überblick über die deutschen Reisenden bis 1500 gibt Aleya Khattab.[15]

Erst seit dem 16. Jahrhundert erscheinen Reisebeschreibungen, die die Pyramiden auch bildlich wiedergeben. So werden die Pyramiden von Giseh bei Sebastian Münster 1550 und von J. Helffrich 1579 als spitze, schlanke Bauwerke gezeigt.[16] Der römische Patrizier Pietro della Valle bereiste zwischen 1614 und 1626 den Nahen Osten und auch Ägypten. Seine »Reiss-Beschreibung in unterschiedliche Theile der Welt,

Abb. 3:
Sebastian Münster,
Pyramidenskizze
(1550)

Abb. 4:
Pietro della Valle,
Ausgrabungen und
Verkauf von
Mumien
(1674)

Abb. 5: Eberhard Werner Happel, Die Pyramiden in Ägypten (1683)

nemlich in Türckey, Ägypten, Palestina, Persien, Ost-Indien und andere weitentlegene Landschaften« erschien 1674 in Genf auf deutsch. Die Darstellung eines freigelegten Sargs mit einer Mumie war deshalb von besonderem Interesse, da das zur Mumifizierung verwendete Bitumen – und überhaupt Mumienreste – als gesuchte Medizin galten.[17] Im Hintergrund der Abbildung ist eine Pyramide mit dem für Rom typischen starken Neigungswinkel zu sehen. 1683 erschien das Werk von Eberhard Werner Happel »Gröste Denckwürdigkeiten der Welt.«[18] Die dargestellte Stufenpyramide ist umgeben von römischen Altertümern. Sie weist im oberen Drittel und unten Öffnungen auf, von denen man annehmen kann, dass das Gebäude als Getreidespeicher genutzt wurde. Von besonderem Interesse ist die zweite im Bild gezeigte Pyramide. Sie entspricht der heute verschwundenen Pyramide, die einst an der Engelsburg in Rom stand.[19] Schließlich müssen die Vorlagebücher genannt werden. Hier wird deutlich, dass für die Darstellungen der Pyramiden weiter die römischen Vorbilder genutzt wurden. Ganz offensichtlich wurden die Zeichnungen nach der Rückkehr von unkundigen Künstlern angefertigt.

Erst mit dem Brandenburger Otto Friedrich von der Groeben werden die Elemente der tatsächlichen Landschaft erkennbar. Auch hier werden wieder – wie bei Eberhard Werner Happel – die Pyramiden dargestellt, einmal als Stufenpyramide in der Funktion eines Getreidespeichers, das andere Mal als römische spitze Pyramide mit achteckigem Grundriss; die Umgebung jedoch weist eine Vielzahl von Pyramiden auf, wie sie sich tatsächlich zwischen Giseh im Norden und dem Fayum im Süden zeigen. Im Hintergrund ist eine Stadt zu sehen, ganz offenbar Kairo mit dem östlich gelegenen Mokkatamgebirge.[20] Von nun an ist das das häufigste Motiv: Der Blick von der westlich gelegenen Wüste zu den zahlreichen Pyramiden im Vordergrund und dem Sphinx, dahinter der Nil und hinter diesem Kairo mit seinen Minaretten und dem Gebirge am östlichen Wüstenrand.

Im 18. Jahrhundert wurde auch der Roman zum Träger der Ägypten-Rezeption. Der von Abbé Jean Terrasson anonym verfasste Sethos-Roman wurde in viele europäische Sprachen übersetzt. Das 1731 erschienene Werk bewirkte eine anhaltende Ägypten-Begeisterung. Die erste deutsche Übersetzung erschien schon 1732–37, eine zweite – von Matthias Claudius – 1778–79.[21] In ihm besteht der junge Held im Innern der großen Pyramide die Prüfungen für die Einweihungsriten des Isiskults. Die Vorlage hierfür boten die Metamorphosen des Apuleius.[22] Die Wirkungen dieses Romans für das 18. Jahrhundert waren außerordentlich, beginnend für die Entwicklung der Freimaurerei bis hin zur Zauberflöte von Wolfgang Amadeus Mozart.[23]

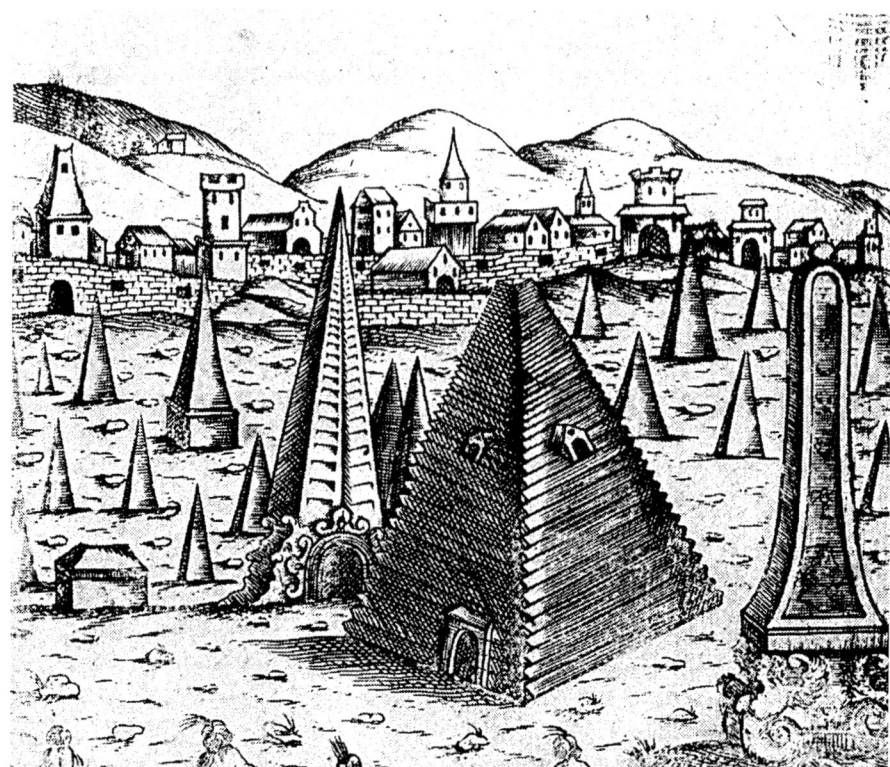

Abb. 6:
Otto Friedrich von der Gröben, Pyramidenlandschaft (1694)

Gleichzeitig wächst im 18. Jahrhundert die Ungeduld, mehr über die Gestalt der Pyramiden und die anderen Weltwunder zu erfahren. Von dem Zwiespalt – einerseits nur ungenügende Reisebeschreibungen zu besitzen und andererseits die reale Wirklichkeit der Pyramiden so weit wie möglich zu rekonstruieren – ist der »Entwurff einer historischen Architectur« von Johann Bernhard Fischer von Erlach geprägt.[24] Hier gibt er eine Darstellung der Pyramiden als eines der Weltwunder wieder, wie sie sich aus der Sicht der Reisebeschreibungen und der antiken Quellen darstellen,[25] aber auch andere Pyramidendarstellungen, die nur entfernt einen Bezug erkennen lassen, so z. B. einer Pyramide außerhalb der Stadtmauer von Babylon, also eines Zikkurats,[26] ein »Grabmal des Aegyptischen Königs Moeris« als spitze Doppelpyramide mit Außentreppe und laternenartigem Abschluss an der Spitze, beide auf einer Insel gelegen,[27] dann ein Bauwerk von der »Gegend des Großen Nilfalls«, den er bei Theben vermutet,[28] und schließlich ein kleineres Gebäude mit Eingang im Hintergrund von »Zwey Egyptischen Gefäßen«.[29]

Abb. 7:
Johann Bernhard Fischer von Erlach, »Die größte Pyramide« (1721), in *Entwurff...*, Bd.1, Taf. 4

Wenig später erscheinen nun tatsächlich die ersten objektiven Berichte über die Pyramiden, die – durch die vermessungstechnischen Kenntnisse der Seefahrer – das Äußere und Innere der Pyramiden maßstabsgetreu wiedergeben. Hier seien nur Richard Pococke (1704–1765) und Frederick Ludwig Norden (1708–1742) genannt.[30]

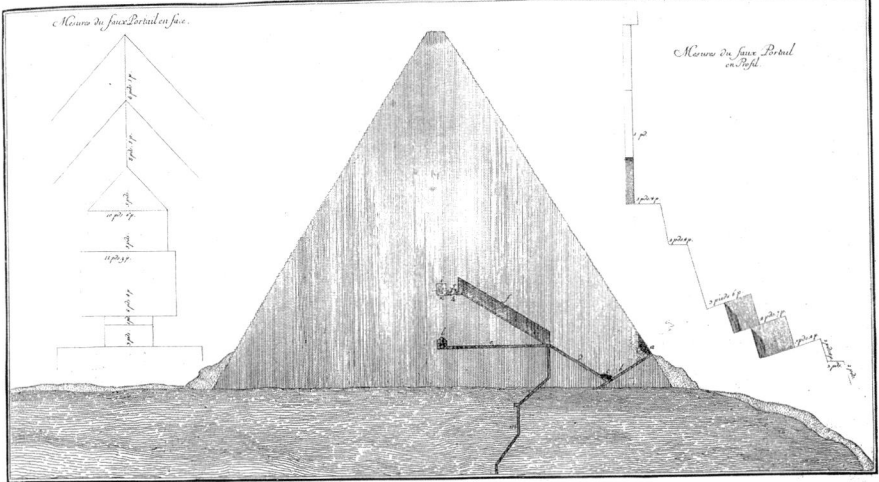

Abb. 8:
Frederick Ludwig Norden, Schnitt durch die Cheops-Pyramide von Giza (1757), Tafel 49

DIE PYRAMIDEN IN BRANDENBURG

Der Weg der Kenntnisse von den Wunsch- und Fantasievorstellungen bis zu den realen Kenntnissen über die Pyramiden lässt sich auch in Brandenburg nachvollziehen. Die wichtigsten Darstellungen der Pyramiden und die realisierten Bauwerke sollen hier vorgestellt werden.

Abb. 9: Deckengemälde in der ehemaligen Komturei Lietzen (1690)

LIETZEN NORD – EIN EMBLEMATISCHES DECKENBILD

Eine der ältesten Pyramidendarstellungen in Brandenburg findet sich auf einem Deckengemälde in der ehemaligen Komturei des Johanniterordens in Lietzen Nord (Landkreis Seelow). Die Komturei, ursprünglich zum Templerorden gehörig, ging 1318 an den Johanniterorden über.[31] Das um 1690 neu errichtete Herrenhaus erhielt im Inneren Stuckdecken, deren Spiegel Gemälde auf Leinwand tragen. Sie besitzen emblematischen Charakter. Unter ihnen findet sich eine schlanke hohe Pyramide mit zweistufigem Postament und von einer Kugel mit Kreuz geziert. Auf einem Schriftband dahinter heißt es: »Consilio firmata dei«, (die Pyramide) fest durch Gottes Ratschluss. Die Inschrift geht auf den spätantiken Schriftsteller Claudianus zurück.[32]

POTSDAM, RUINENBERG – EINE ARCHITEKTURSTAFFAGE

Die wohl älteste Pyramide in Brandenburg ist noch heute auf dem Ruinenberg in Potsdam zu finden. Für die große Fontäne am Fuß der Terrassenanlage von Sanssouci wurde 1748 ein großes Wasserreservoir auf dem nahe gelegenen Höhneberg, später Ruinenberg genannt, angelegt. Um die Anlage zu einem Blickpunkt vom Schloss her zu machen, wurde das versenkte Wasserbecken mit künstlichen Ruinen drapiert. Die Entwürfe hierfür stammten von dem Architekt Georg Wenzeslaus von Knobelsdorff und dem Berliner Theatermaler Innocente Bellavite. Die Architekturkulisse besteht aus dem Stück einer römischen Amphitheaterwand, einer offenen ionischen Rotunde, drei ionischen Säulen mit Architrav und einer kleinen steilen Pyramide.[33] Die Anregung soll Friedrich II. von seiner Schwester Wilhelmine erhalten haben, die in Bayreuth einige Jahre zuvor ebenfalls Ruinen hatte errichten lassen.[34] Wie eine Abbildung von 1850 zeigt, war die Pyramide ursprünglich nicht als Ruine gedacht, sondern besaß einen oberen pyramidalen Abschluss. Heute (1999) fehlt ihr nicht nur dieser, sondern auch der benachbarten Rotunde fehlt die Wölbung. Der Baukörper erscheint als eine Mischung von Pyramide und Obelisk, die Form ist auf die einfachste Geometrie zurückgeführt, ohne dass ein deutliches Vorbild erkennbar wird. Die Pyramide, etwa fünf Meter hoch, ist aus grob bearbeitetem Haustein errichtet.

Abb. 10: Architekturstaffage auf dem Ruinenberg in Potsdam

RHEINSBERG – EIN VERGNÜGUNGSGEBÄUDE

Eine weitere Pyramide gab es in Rheinsberg. In einer zeitgenössischen Beschreibung des Gartens wird berichtet, dass sie im Westteil des Gartens seitlich einer Allee liegt, die auf eine Trajans-Säule zuführt. Zu den »Nebenliegenden neueren Gegenständen«, die hier zu finden sind, gehört eine »abgekürzte große Pyramide«.[35] An anderer Stelle heißt es dann aber, dass sie das Ende einer der drei Alleen bildet, die westlich der Eremitage ihren Ausgangspunkt nehmen.[36] Sie wird auch dort als »abgekürzte große Pyramide« bezeichnet, »deren Fuß mit dicken und schattichten Linden bedeckt ist«.[37] Auch über die Funktion dieses als »Grab des Virgil« bezeichneten Bauwerks lässt man uns nicht im Unklaren. Es seien »in deren Fußgestell räumlich Zimmer und Wohnungen, ... wobey Carousells; Schunkeln und andere ländliche Belustigungen angebracht sind. Ein bequemer Aufgang führt auf die flache Decke dieser abgekürzten Pyramide, von welcher man die Gegend um Reinsberg, auf der Morgenseite, übersiehet.«[38] Das Bauwerk wurde 1771 »nach der von Sr. K. H. approbierten Zeichnung des Lieut. Hennert« errichtet. Der Entwurf stammt also von dem Prinzen Heinrich, dem Bruder Friedrichs II. Und auch er dürfte die Funktion des Gebäudes – Vergnügungsgebäude einerseits, mit der Form eines Grabes andererseits – bestimmt haben. Vergleichbares findet sich im Zusammenhang mit der 1792 errichteten Pyramide in Machern bei Leipzig. Sie wurde im Untergeschoss als Gruft genutzt, das Obergeschoss war von außen frei zugänglich. In der Erinnerung eines Zeitgenossen heißt es: »In diesem Tempel der Erinnerung seiner Entschlafenenen pflegt der Graf mit seiner Familie zu speisen. Hier feyert er seine Familienfeste. Hier, wo alles um ihn her an den Tod erinnert, freut er sich mit seinen Freunden, umringt von den Urnen seiner Väter. Hier ertönt der Klang der Pokale im Gewölbe der Totden. – Hier, wo der Tod winkt, lächelt das Leben.«[39] Ein gleichfalls als »Grab des Virgil« bezeichnetes Bauwerk gibt es im Schlosspark Wilhelmshöhe in Kassel. Dort sind nach 1763 zwei bemerkenswerte Bauten entstanden, die rechts und links der großen Achse liegen: die »ägyptische Pyramide« westlich der Achse und das »Grab des Vergil« östlich gelegen. Letzteres besitzt einen quadratischen Sockel und darüber einen kreisförmigen Pyramidenstumpf.[40] Sie dürfen als Stücke der Erinnerung an die Italienreise des Landgrafen Friedrich II. angesehen werden. Die Rheinsberger Pyramide ist auf einer Vedute aus dem 19. Jahrhundert nur im Umriss zu erkennen. Von dem Bauwerk selbst fehlt heute jede Spur.[41] Eine weitere Pyramide muss es hier – ebenfalls als Architekturstaffage – gegeben haben. Von ihr hat sich nur eine Abbildung erhalten, die das etwa sechs Meter hohe Gebäude neben einem Tempel und einer »Katacombe« zeigt.[42] Auch sie lag westlich der Schlossanlage.

GARZAU – EINE TAHITI-REZEPTION

Friedrich Wilhelm Carl Graf von Schmettau erwarb – nachdem er von Friedrich II. wegen »oppsitioneller Widersetztlichkeit« den militärischen Dienst quittieren musste – das Gut Garzau, etwa 30 Kilometer östlich von Berlin gelegen.[43] Der vielseitig interessierte Offizier, der sich auch als Kartograph, Naturwissenschaftler und Militärschriftsteller betätigte, schuf hier Einmaliges. Angeregt durch die Berichte Georg Forsters (1754–1794), der u. a. 1773 Tahiti besucht hatte und 1777/78 seine Reiseberichte veröffentlichte, begann er Landschaft und Garten umzugestalten. Sein Ziel war es, hier eine Landschaft im »otahitischen« Stil zu gestalten. Künstliche Wasserläufe und Seen, Brücken im chinesischen Stil, ein Borken- und ein Badehaus, eine Grotte und ein »Cabinet« stellen Elemente dieses exotischen Gartens dar. Und hier gab es auch eine Pyramide. Auch sie im »othahischen Stil«, wie es heißt, stand sie auf dem 25 Meter über die Landschaft sich erhebenden Weinberg. Leopold von Reichenbach beschreibt sie 1790: »Die höchste Spitze dieses Berges trägt ein Gebäude in ähnlicher Form der alten Egyptischen Pyramiden, ganz von Stein erbauet. Es ist von weitem Umfang, und die Höhe desselben beträgt einige vierzig Fuß.«[44] Tahiti war seit Forster offenbar in Mode, denn auch Friedrich Wilhelm II. ließ sich noch 10 Jahre später in seinem königlichen Landhaus auf der Pfaueninsel »das otaheitische Kabinet« einrichten.[45]

Abb. 11: Modell der Pyramide in der Gartenanlage von Garzau

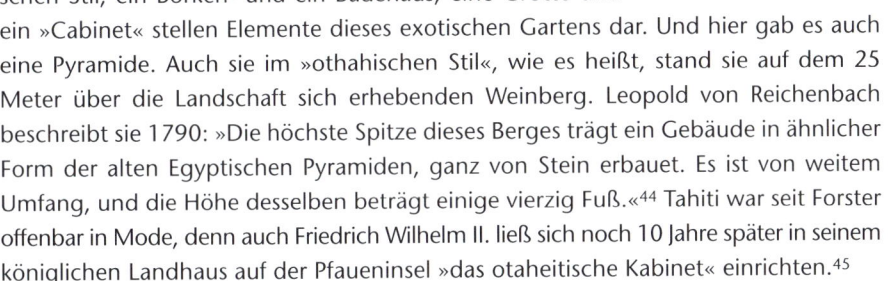

Abb. 12: Genelli, Historisch Ansicht. Blick in den Landschaftspark Garzau mit »otahitischer« Pyramide (um 1784)

Abb. 13:
Portikus an der Pfarrkirche St. Marien in Strausberg, ehemals Eingangsportal der Pyramide

Das Bauwerk selbst bestand einst aus einem Eingangsraum, der nach Durchschreiten eines kleinen Portikus mit eingestellten Säulen zu erreichen war. Im Zentrum des Bauwerks befand sich ein hoher überwölbter Raum, der durch halbbogenförmige kleine Fenster von oben schwach beleuchtet wurde. An der dem Eingang gegenüberliegenden Seite waren drei überwölbte Nischen angelegt, die als Grabkammern Verwendung finden sollten. Auf einer Tafel am Eingang stand folgende Inschrift: »Der Dankbarkeit war dieses Denkmal errichtet und zur Ruhestätte bestimmt. Friedrich Wilhelm Graf von Schmettau, den 22ten April 1784. Dankbare Gefühle wiegen den Menschenfreund in den sanftesten Schlummer des Todes. Beim Anblick seiner Gruft ruft ihm der Gefühlvolle zu: hier schläft der Dankbare.«[46]

Auch im Innern wurde nicht mit Sentimentalität gespart: Vier Statuen, Liebe und Dankbarkeit, Gram und Hoffnung verkörpernd, schmücken das Innere. Dazwischen findet sich die Inschrift: »Menschenliebe ist Glück, und sie durch Wohlthun zu verbreiten ist Glück, und mit Empfindung schmecken ist Dankbarkeit.« Das Deckengemälde zeigt »Bilder der Eitelkeit, scherzende und lachende Mädchen, Sinnbilder der vorbeirauschenden Freuden der Erde.«[47] Die Pyramide lässt sich begehen. Sie besitzt an der Außenseite rombenförmige Treppen, die auf die Höhe führen. Von dort genoss man nicht nur einen herrlichen Ausblick, sondern konnte auch ein weitleuchtendes Feuer entzünden.[48] Die Ikonographie des Gebäudes wird auch gleich mitgeliefert; es heißt, dass es »eine lehrende Anspielung auf das Streben zum Unendlichen und Unermeßlichen« geben soll.[49]

Als Vorbild für das Bauwerk diente Schmettau offenbar ein Kupferstich von Fischer von Erlach, der in seinem »Entwurff einer historischen Architektur« – 1721 erstmals in Wien erschienen – »Das Grabmal des Ägyptischen Königs Myris oder Moeris« darstellte.[50] Die Elemente dieses Bauwerks, die von dem Üblichen der Pyramiden abweichen, finden sich in Garzau wieder. Die Bekrönung durch ein kleines laternenartiges Schutzhaus und die außen liegenden Treppen geben ihm seinen einmaligen Charakter. Es gibt wohl außer diesem kein Pyramidenbauwerk in Europa, das Fischer von Erlachs Entwurf zum Vorbild nahm.

Der Eindruck von Exotik, der sich uns heute aufdrängt, darf als die Sehnsucht verstanden werden, eine friedfertige Welt zu schaffen. Für die Aufklärung boten die Bewohner Tahitis mit ihrem »ungewöhlich sanften Wesen« ein Vorbild – eine Projektion, die durch die Ferne Unvergleichbarkeit sicherte.

Die Geschichte des Bauwerks sollte ohne große Wirkung bleiben. Zwei Jahre nach der Fertigstellung der Pyramide starb Friedrich II. Schmettau bemühte sich wiederum um militärische Dienste, was ihm auch gelang. 1787 trat er in die Dienste von Friedrich Wilhelm II. und verpachtete das Rittergut Garzau. Aber der König betraute ihn nicht mit neuen Aufgaben, sodass er sich wieder schriftstellerisch betätigte. Im Jahr der Französischen Revolution erschien sein Werk über den Feldzug 1778 nach Böhmen. Endlich erhielt er auch für sein Kartenwerk eine finanzielle Entschädigung; aber in der Folge kam es immer wieder zu Streitigkeiten, sodass er 1790 den Dienst wieder quittierte. Dabei war Schmettau nicht nur in der Beurteilung der Kriege zu Reformvorschlägen gekommen, sondern hatte auch in anderer Hinsicht Visionen: Er begann frühzeitig mit der Bauernbefreiung und führte progressive Wirtschaftsformen ein. Für ihn darf die Pyramide sicherlich als Emblem gelten, das auf feste und gute Beziehung zwischen Fürst und Volk verweist.

Das Schicksal des Bauwerks ist schnell erzählt: 1802 erwies sich das Gut als nicht mehr haltbar und wurde verkauft. 1806 wurde Schmettau wieder militärisch aktiv, in der Schlacht von Jena und Auerstedt wurde er schwer verwundet und starb in Weimar. Sein Grabmal, ein dreikantiger Obelisk mit Helm und Federbusch geziert, ist noch heute auf dem Jakobsfriedhof in Weimar zu finden. Das Eingangsportal der Pyramide kam schon 1815 an die Südseite der Marienkirche in Strausberg. Die Gartenanlagen gerieten in Verfall; die Seen verlandeten, die Wehre wurden zerstört, die Brücken sind verschwunden und das Gewölbe der Pyramide stürzte ein.

Seit dem Jahr 2003 wurde mit der Rekonstruktion begonnen. Die Fertigstellung der Pyramide sollte Anlass sein, den Landschaftspark wiederherzurichten.

Abb. 14:
Fischer von Erlach, »Entwurff einer historischen Architektur« (1721)

FRIEDRICH GILLY – DAS ARCHITEKTONISCHE DENKMAL

Der aus einer Hugenottenfamilie stammende Friedrich Gilly (1772–1800), Sohn des preußischen Oberbaurates David Gilly (1748–1808), ist in die Architekturgeschichte durch den Entwurf eines Nationaldenkmals für Friedrich II. eingegangen. Dieses Denkmal war von ihm auf dem Leipziger Platz in Berlin geplant. Es vereinigte in sich griechische, römische, aber auch ägyptische Elemente. Auf dem weiten achteckigen Platz sollte sich über einem geböschten Unterbau ein dorischer Tempel erheben. Obelisken rahmten dieses Bauwerk nach Osten und Westen ein.[51] (s. S. 95)

Weniger bekannt sind die zahlreichen Denkmalsentwürfe des jungen Gilly, bei denen das Pyramidenmotiv variiert wurde. Mit diesen Entwürfen bewies er einen freien Umgang mit den Elementen einer historischen Architektur, die in der französischen Revolutionsarchitektur, insbesondere von Etienne-Louis Boullée (1728–1799) und Claude-Nicolas Ledoux (1736–1806) ein Vorbild sah. Die Denkmalsentwürfe von Gilly zeigen alle Varianten der Pyramiden: den steilen Winkel der römischen Cestius-Pyramide, die Knickpyramide mit ihrem abgeschwächten Neigungswinkel, die ihr Vorbild in Dahschur hatte, die Stufenpyramide und die Tempelbauten mit ihren charakteristischen geböschten Außenwänden.

Ein erster Entwurf stammt schon von dem 19-jährigen Gilly.[52] Dieser Entwurf entstand in derselben Zeit, als sich die Gestaltung des Neuen Gartens in Potsdam in einer intensiven Phase befand. Hieran war – neben anderen – auch Carl Gotthard Langhans (1743–1805) beteiligt, der mit dem Bau einer vergleichbaren Pyramide betraut worden war. Dieses muss auf den jungen Gilly anregend gewirkt haben. Es ist anzunehmen, daß seinem Entwurf die Proportionen der Cestius-Pyramide in Rom zugrunde lag. Allerdings kappte Gilly den Pyramidenkörper, sodass sie wie ein hoher Pyramidenstumpf wirkte. In der Größe wäre sie mehr als 20 Meter hoch gewesen und hätte damit – wenn sie denn realisiert worden wäre – alle mitteleuropäischen Pyramiden überragt. Sie war in der oberen Hälfte auf allen Seiten mit einem Fries geziert und mit rechteckigen Öffnungen versehen. Dem Pyramidenkörper war an allen Seiten ein Portikus mit sechs Säulen vorgestellt. Der Entwurf negiert den Gegensatz von ägyptischer und griechischer Architektur vollständig, ja er verbindet beide Stilrichtungen in harmonischer Weise.

Abb. 15/16: Friedrich Gilly, Entwurf zu einer Pyramide (1791), Modell

Die Pyramide wirkt von außen als massiver Baukörper, stellt aber in Wirklichkeit ein vollkommen durchkonstruiertes Bauwerk dar. Sie stand auf einem Sockel, acht Stufen hoch; an den Ecken betonten quadratische flache Blöcke die Wirkung des Hauptkörpers. Auf diesen waren Sphingen oder Löwen angeordnet, die dem Bauwerk Maßstab und Halt gaben. Die vier breiten Treppen führen jeweils auf den Portikus zu, ein Motiv, wie es der Villa Rotonda von Palladio entlehnt scheint. Durchschritt man den Portikus, so lag hinter der Vorhalle ein kräftiger Bogen, der fast die Breite von drei Interkolumnien einnahm. Die Unterseite des Bogens war kassettiert gedacht. Der eigentliche Innenraum bestand im Grundriss aus einem Quadrat, in den ein Säulenring in der Art eines Monopteros eingestellt war. Die 16 Säulen bildeten also eine Rotunde, die mit einer Kuppel überwölbt war. Zwischen Architrav und Gewölbe war der Raum durch einen Tambour erhöht, der durch Urnennischen gegliedert war. In der Wölbung selbst gab es vier keilförmige Öffnungen, die indirektes Licht in den Raum ließen. Sie dienten gleichzeitig als Rauchabzug, denn im Mittelpunkt des Raumes hing eine an Ketten befestigte Feuerschale. In der Mitte des Raumes stand ein von Sphingen flankierter Sarkophag.

Mit einem zweiten Entwurf wird das Thema der Pyramide noch einmal modifiziert.[53] Das Bauwerk hatte offensichtlich die Knickpyramide von Dahschur zum Vorbild.[54] Auf einem flachen Sockel erhebt sich wiederum der Pyramidenkörper. Auch hier sind die Ecken des Unterbaus durch Sphingen oder Löwen markiert. Im Gegensatz zu dem ersten Entwurf für eine Pyramide ist diese nicht von allen Seiten gleichgestaltet. Sie besitzt nur einen Eingang mit dorischem Portikus. Der Architrav ist mit der Inschrift geschmückt: »Sanfter Schlaf ist des Redlichen Tod«. Im Giebeldreieck befindet sich ein Segmentbogen, der der Belichtung der Vorhalle dient. Im obersten Viertel der Pyramidenfläche steht: »Hier schläft Saon der Held und Weise.« Nach Durchschreiten der Vorhalle gelangt man in einen Säulensaal mit 16 Säulen. Hinter diesem liegt der runde Zentralraum, durch zwei Geschosse gehend, das Untergeschoss mit umfasst. Eigentlich ist es ein ringförmiger Raum, denn in seiner Mitte stehen vier Säulen, die ein ringförmiges spitzbogiges Gewölbe tragen. Das Untergeschoss erreicht man über zwei Treppen vom Säulensaal aus. Hier steht zwischen den vier Säulen ein Sarkophag, flankiert von zwei Urnen. In die Wände sind Nischen für weitere Sarkophage eingelassen.

Abb. 17/18: Friedrich Gilly, Entwurf für ein Grabmonument in Form einer Knickpyramide

Der dritte Entwurf von Gilly modifiziert noch einmal das Thema der Pyramide in ganz anderer Weise: Diesmal handelt es sich um eine Stufenpyramide, die aus 20 Stufen besteht.[55] Der Pyramide ist ein Hof mit Flügelbauten vorgesetzt. In der Achse des Bauwerks steht vor der Pyramide ein wuchtiger Risalit mit geböschtem seitlichem Abschluss. Das Tor mit seinem Rundbogen nimmt die Schrägen des Risalits auf. Ein überkragender Abschluss und kleine Öffnungen betonen den ägyptisierenden Charakter. Die seitlichen Flügelbauten nehmen die Elemente des Hauptkörpers auf. Zwei Stelen mit quadratischem Grundriss schließen den Hof nach außen hin ab. Sie tragen Inschriften

Abb. 19: Friedrich Gilly, Entwurf zu einer Stufenpyramide

Mit diesen drei Entwürfen weist Gilly auf alle damals und heute noch bekannten Grundtypen der Pyramide hin. Sie werden einerseits zu Sinnbildern der Architekturgeschichte, die griechische und ägyptische Architektur kombiniert, andererseits zu Denkmälern, die über die Vergänglichkeit der menschlichen Existenz hinausweisen.

BERLIN – EIN DENKMAL FÜR FRIEDRICH II.

Schon im Jahr nach dem Tod Friedrich II. wurde ein Denkmal für den preußischen König gefordert. 1791 und 1796 wurden Wettbewerbe für seine Gestaltung ausgeschrieben. Unter den zahlreichen Beiträgen gab es Haine und Peripteroi, Tempel und Trajanssäulen und natürlich auch Pyramiden. Carl Bach entwarf in der zweiten Ausschreibung eine Pyramide, die sich stark an das römische Vorbild anlehnte.[56] Sie entsprach in Größe und Neigungswinkel der Cestius-Pyramide. Ohne Unterbau wuchs der Körper aus der Erde und besaß keinen Bezug auf die umgebende Bebauung. Die Ecken waren durch Schilde und Fahnen betont. Vor dem Bauwerk sollte ein Reiterstandbild Friedrichs Platz finden. Als Vorbild hierfür ist das antike Reiterstandbild für Marc Aurel in Rom anzusehen. Gestus und Form scheinen geradezu kopiert. Das Vorbild fand durch Michelangelo auf dem Kapitol in Rom seinen endgültigen Platz.

Insgesamt 70 Jahre dauerte die Diskussion um das Denkmal, bis es als Reiterstandbild von Rauch schließlich auf der Straße »Unter den Linden« seinen Platz erhielt.

POTSDAM, NEUER GARTEN – ARCHITEKTUR IN EINEM LANDSCHAFTSPARK

Im Neuen Garten in Potsdam findet man ein Pyramide, frei in die Wiesenlandschaft des Landschaftsparks am Heiligen See gestellt. Sie ist ein Stück historischer Architektur, das einen Blickpunkt bietet, ohne einen axialen Bezug zu anderen Gebäuden zu besitzen. Sie ist »nach der Idee des Königs von Krüger erbauet«, heißt es.[57] In der Beschreibung von 1802 wird die Pyramide folgendermaßen dargestellt: »Sie ist 30 Fuß hoch, mit hieroglyphischen Figuren gezieret und stehet auf einer sieben Fuß im Quadrat großen Erhöhung, auf deren Ecken Vasen im ägyptischen Geschmack stehen. Unter dieser Pyramide ist die Eisgrube, und um dieselbe stehen allerley wilde amerikanische Bäume.«[58] Da der Hieroglyphenschmuck auf den schrägen Flächen der Pyramide in besonderer Weise der Witterung ausgesetzt war, erfolgte schon 1833 eine Veränderung. Um die Fantasiehieroglyphen zu schützen – sie ergeben keinen Sinn, denn sie wurden 30 Jahre vor ihrer Entzifferung geschaffen – wurden sie nach ihrer Abnahme in den Sockel eingefügt, gleichzeitig wurde die Form des Unterbaus vereinfacht; auch die ägyptischen Vasen verschwanden. Die kleinen Wangenmauern – rechts und links der (Schein-)Türen – störten jetzt. Übrig blieb der Eingang an der Nordseite, der im ägyptischen Stil, mit Hohlkehle und leicht geböschter Fassung, neu gestaltet wurde. Über der Tür befinden sich die Planetenzeichen, die in folgender Reihe dargestellt sind: Merkur, Jupiter, Venus, Mond, Mars, Erde, Saturn (von links nach rechts).

Als Vorbild für die Pyramide scheint das Werk von Le Rouge »Jardins Anglo-Chinois« gedient zu haben, das 1785 erschienen war und eine vergleichbare Pyramide enthält.[59]

Abb. 20/21: Die als Eiskeller genutzte Pyramide im Neuen Garten in Potsdam (1791)

RECKAHN – EIN SYMBOL GEGEN KÖNIGLICHE WILLKÜR

1741 lag – während des Schlesischen Krieges – ein Kontingent Soldaten in der Nähe des Dorfes Reckahn, südwestlich von Potsdam. Die Verwüstung der Äcker war erheblich. Offenbar hatte der Gutsherr und spätere Minister, Friedrich Wilhelm von Rochow, vergeblich dagegen protestiert. Die annähernd vier Meter hohe Pyramide wurde vielleicht schon zu seinen Lebzeiten, aber – was wahrscheinlicher ist – erst nach dem Tode Friedrich II. von dem Sohn des Gutsherrn, Friedrich Eberhard von Rochow, um 1791 errichtet.[60] Die Inschriften an dieser Pyramide – sie ist mit bescheidenem Aufwand aus den Feldsteinen der umliegenden Äcker errichtet – schreiben in bemerkenswerter Weise die Geschichte des Bauwerks und ihre Inspruchnahme fort. Es heißt dort:

1. Holztafel mit erhabener Inschrift an der Westseite der Pyramide:
»Im Jahre 1741 stand hier gegen Osten das preussische Lager
42.000 Mann in zwölf Treffen $1/2$ Jahr von Göttin bis Krahne
zum grossen unersetzten Schaden dieser Güter«

2. Granittafel mit vergoldeter Inschrift an der Ostseite:
»AUF BEFEHL KÖNIG FRIEDRICH DES GROSSEN
stellte Major v. Mackroth hier im Heerlager von Reckahn-Göttin
am 5. September 1741
das »REGIMENT SCHWARZE HUSAREN« auf,
bald als »die Totenköpfe« eine Preussische Truppe von besonderem Ruf.
Als einziges von allen Husaren-Regimentern des Preussischen Heeres überstand
dieses Regiment in voller Stärke von 10 Eskadron den Zusammenbruch von 1806/7.
Wegen seines sowohl vom ganzen Korps, vom Lande, als selbst vom Feind ohne
Widerspruch anerkannten ausgezeichneten Betragens in diesem Kriege seit dem
7. September 1808
LEIBHUSAREN REGIMENT
wurde es am 28. December 1808 getheilt in
ERSTES UND ZWEITES LEIBHUSAREN REGIMENT
am 14. September 1901 aber
von KAISER UND KÖNIG WILHELM II.
wieder vereinigt als
LEIBHUSAREN-BRIGADE

Die Grossthaten vergangener Tage sind ein reiches Erbe den
folgenden Geschlechtern. Der edle Ehrgeiz den Vorfahren zu gleichen,
macht der Ehre theilhaftig, Mitbesitzer ihres Ruhmes zu sein.
Diese Gedenktafel stiftete am 9. August 1907 der
Verein ehemaliger Leibhusaren zu Berlin.

3. Bronzetafel mit geprägten Buchstaben am Gitter der Umzäunung an der Westseite:

»RÜSTUNG TÖTET AUCH OHNE KRIEG«

TOD UND VERWÜSTUNG FÜR DIE GEMEINDEN
KRAHNE RECKAHN UND GÖTTIN BRACHTE EIN
HEERLAGER FRIEDRICH DES GROSSEN 1741
AUS PROTEST DAGEGEN ERRICHTETE DER
GUTSHERR FRIEDRICH-WILHELM VON ROCHOW
DIESE STEINPYRAMIDE
WIR ERINNERN DARAN
FRIEDENSMARSCH DURCH BRANDENBURG
4. JULI 1992

Abb. 22: Denkmal in Form einer Pyramide in Reckahn, Brandenburg

4. Messingtafel an der Südostseite der Pyramide:

Den toten Kameraden zum Gedenken
und den Lebenden zur Mahnung

Dieses Denkmal wurde nach den schweren Jahren des Vaterlandes 1945–1990 mit der Wiedervereinigung Deutschlands durch den »Traditionsverband Kavallerie-Regiment 5 -Feldmarschall von Mackensen« (Traditionsträger des 1. und 2. Leibhusarenregiments), Kommandeur Major a. D. Grieser und die Bundeswehr, Panzeraufklärungsbataillon 80 Beelitz, Kommandeur Oberstleutnant Werren, in kameradschaftlicher Zusammenarbeit restauriert.

Diese Steinpyramide soll nun wieder in einem vereinten Deutschland von der Opferbereitschaft des früheren preußischen, »Schwarzen Totenkopfhusaren«, und der deutschen Kavalleristen mit ihrem Kamerad Pferd künden.

August 1992

Vier Tafeln an einem Denkmal: Hier von Rezeption zu sprechen, scheint hoch gegriffen. Ein Denkmal spricht meistens nur die Sprache der Zeit, hier aber geben sie Spannungen und unterschiedliche Wertvorstellungen wieder.

RHEINSBERG – EINE SENTIMENTALE ERINNERUNG

Die seit 1734 im Besitz des Kronprinzen Friedrich von Preußen befindliche Schlossanlage erhielt nach 1737 ihre gestalterische Ausprägung durch Georg Wenzeslaus von Knobelsdorff. Als Prinz Heinrich, der Bruder Friedrichs II., 1744 den Besitz übernahm, war die Anlage auf der Höhe der Zeit. Der weitläufige Garten war durch eine barocke illusionistische Architektur mit Tiefenwirkung, voller Beziehungen zur Antike gestaltet. Heinrich konnte, im Schatten seines Bruders stehend, die Anlage nur noch ergänzen. Die oben genannten Pyramiden waren Teil dieser Architekturstaffage, ein weiteres Element – stärker in die Anlage eingreifend – war ein am jenseitigen Ufer des Grienerickesees errichteter Obelisk.

Östlich der Südachse liegt die letzte, 1802 errichtete Pyramide in der Nähe des Heckentheaters. Mit dem etwa sechs Meter hohen Grabdenkmal für sich selbst setzte Heinrich einen weiteren Akzent in der Reihe der Bauwerke dieser Art. Es war als Ruine konzipiert. Das Bauwerk ist mit einer Klinkerverkleidung bedeckt. Der portalartige Eingang ist mit einer Grabplatte verschlossen. Sie enthält seine Lebensbeschreibung, in der er auf seine königliche Herkunft verweist und sich selbst in eine Art fataler Mittelmäßigkeit entlässt. Sein Vermächtnis ist von Alter und Müdigkeit geprägt. Das als Ruine geplante Grabmal will auf die Vergänglichkeit und das Nicht-Vollendete seiner Existenz hindeuten. Ihr Standort scheint von einer gewissen Beiläufigkeit zu sein; in ihrer Form wirkt sie wenig beherrschend.

Abb. 23: Grabpyramide des Prinzen Heinrich von Preußen in Rheinsberg (1802)

GRABINSCHRIFT
vom Prinzen selbst verfaßt

Durch seine Geburt in jenen Wirbel von eitlem Dunst gestürzt,
den die Menge Ruhm und Größe nennt,
und dessen Nichts der Weise erkennt,
gequält durch die Leidenschaften anderer,
tief gebeugt durch den Verlust geliebter Anverwandter,
und treuer bewährter Freunde
aber auch oft getröstet durch Freundschaft;
glücklich in der Abgeschiedenheit des Nachdenkens,
glücklicher noch
wenn sein Dienst dem Vaterlande
oder der leidenden Menschheit
nützlich sein konnte.

Dies ist die kurze Lebensbeschreibung
Friedrich Heinrich Ludwigs
Sohn Friedrich Wilhelms I. Königs von Preußen
und der Königin Sophia Dorothea, Tochter Georgs I. König von England

Wanderer!
Erinnere Dich dass auf Erden Vollkommenheit nicht wohnt.
War ich auch nicht der beste der Menschen
so gehörte ich wenigstens
nicht unter die Zahl der Bösen!

Lob oder Tadel
erreichen nicht mehr den
der in Ewigkeit ruht,
aber süße Hoffnung
verschönert die Augenblicke dessen
der seine Pflichten erfüllte.
Sie begleiten mich im Tode.

PYRAMIDEN IN BRANDENBURG

Tombeau de Frédéric Henri Louis Prince de Prusse, dans les Jardins de ...

Peint.t del. Rheinsberg   *D. Berger fecit 1802.*

Epitaphe
faite par le Prince lui même

Jetté par sa naissance dans ce tourbillon de vaine fumée
que le vulgaire appelle
gloire et grandeur,
mais dont le sage connoit le néant;
en proie à tous les maux de l'humanité,
tourmenté par les passions des autres,
aussi par les siennes,
souvent en butte à la calomnie
ou victime de l'injustice;
accablé encore
par la perte de parens chéris,
d'amis sûrs et fidèles,
mais aussi souvent consolé par l'amitié,
heureux dans le recueillement de ses pensées,
plus heureux
quand ses services purent être utiles à sa patrie
ou à l'humanité souffrante.

Tel est l'abrégé de la vie
de Frederic Henri Louis,
Frédéric Guillaume I.er Roi de Prusse
.... Dorothée, fille de George I.er Roi de la grande Bretagne.

Passant
.... que la perfection n'est point sur la terre,
.... n'ai pas été le meilleur des hommes,
.... au moins
.... pas au nombre des méchans.

.... on le blâme
.... celui qui repose dans l'éternité,
.... douce espérance
.... derniers momens
.... rempli ses devoirs,
.... accompagne en mourant.

né le 18 Janvier 1726.
décédé le 3 Août 1802.

Dédié à Son Altesse Royale, Monseigneur le Prince Ferdinand de Prusse, Frère de Feux, par ... Son très humble ...

Grabschrift
von dem Prinzen selbst verfasst

Durch seine Geburt in jenen Wirbel von eitlem Dunst gestürzt,
den die Menge Ruhm und Grösse nennt;
aber dessen Nichts der Weise erkennt;
allen Uebeln der Menschheit ausgesetzt,
gequält durch die Leidenschaften anderer,
beunruhigt durch seine eignen,
oft Ziel der Verläumdung
oder Opfer der Ungerechtigkeit;
tief gebeugt durch den Verlust geliebter Anverwandten
und treuer bewährter Freunde,
aber ist noch getröstet durch Freundschaft,
glücklich in der Abgeschiedenheit des Nachdenkens,
glücklicher noch
wann seine Dienste dem Vaterlande
oder der leidenden Menschheit
nützlich sein konnten.

Dies ist die kurze Lebens Beschreibung
Friedrich Heinrich Ludwigs
Sohn Friedrich Wilhelms I.ten Königs von Preussen
und der Königin Sophia Dorothea, Tochter Georgs I.ten Königs von ...

Wanderer
Erinnere dich dass auf Erden Vollkommenheit nicht wohnt.
War ich auch nicht der beste der Menschen
so gehörte ich wenigstens
nicht unter die Zahl der Bösen.

Lob oder Tadel
erreichen nicht mehr den
der in der Ewigkeit ruht,
aber süsse Hoffnung
verschönerte die letzte Augenblicke dessen,
der seine Pflichten erfüllte
Sie begleitet mich im Tode.

geboren den ...
gestorben den ...

FÜRST PÜCKLER UND SEINE REISEERINNERUNGEN

Hermann Fürst von Pückler-Muskau (1785–1871) bereiste zwischen 1834 und 1840 den Orient. Zwischen 1836 und 1838 war er in Ägypten Gast des Vizekönigs Mohamed Ali. Seine Reiseerinnerungen erschienen 1844 in drei Bänden.

Es waren nicht nur Reminiszenzen, die er von seiner Reise mitbrachte, sondern auch arabische Pferde, den Sklaven Jaladour und Machbuba, ein dreizehnjähriges Mädchen, das er auf dem Sklavenmarkt erworben hatte. Darüber hinaus hatte er auch Aegyptiaca erstanden: Kanopengefäße (menschenköpfige Gefäße, in denen man im Alten Ägypten die Eingeweide bestattete), Uschebtis (kleine Figürchen aus Fayence, die im Jenseits stellvertretend für den Grabherrn die Arbeit verrichten sollen) und eine kleine Grabstele.

Liest man seinen Bericht über die Pyramiden, so findet Pückler nur schwer zum eigentlichen Thema, hatte er doch kurz zuvor die kleine Sklavin erworben, deren Schönheit die Wirkung der Pyramiden in den Hintergrund treten ließ.[61] Den Sphinx beschreibt er als »einen Pilz ähnlicher als einen Kopf.«[62] »Auch muß ich erkennen,« so fährt er fort, »daß die Pyramiden selbst keinen viel günstigeren Eindruck auf mich machten und mir von nahem durchaus nicht mehr so imposant als in der Weite erschienen.«[63] Schließlich erklimmt er die kleinste der drei Pyramiden von Giseh und beschreibt dann die anderen als »roh aufgetürmte Steinhaufen.«[64] »Dies ist dem

Abb. 24:
Die Seepyramide im Park Branitz von Herrmann Fürst von Pückler-Muskau in Branitz bei Cottbus (1855)

Grandiosen, das ihr Totaleindruck haben sollte, äußerst hinderlich.«[65] Immerhin konzediert er, dass »ihr Anblick freilich unendlich imposant gewesen sein (muss). Jetzt, ich wiederhole es, enttäuscht er selbst mäßige Erwartung. Noch mehr als das Äußere der Pyramiden desappointiert mich aber im Innern die Kleinlichkeit der labyrinthischen, nur für Schlangen und Schakale gemachten Gänge, sowie die unansehnlichen, oft durch ihre Niedrigkeit ganz abgeschmackt erscheinenden, unbrauchbaren, kahlen Gemächer der beiden großen Pyramiden.«[66] Anschließend besucht er Pyramiden von Abusir und fährt auch nach Meidum, ohne seine Meinung über die Pyramiden wesentlich zu korrigieren.

Abb. 25:
Die Landpyramide im Park Branitz von Herrmann Fürst von Pückler-Muskau in Branitz bei Cottbus (1863)

Es ist erstaunlich, dass er dann, 14 Jahre nach seiner Rückkehr, mit dem Bau der Pyramiden beginnt. Durch sein aufwendiges Leben hoch verschuldet, sah sich Pückler gezwungen, seinen ererbten Besitz Muskau aufzugeben, um in Branitz, einem kleineren Gut nahe Cottbus, eine weitere Gartenanlage neu zu gestalten. Nach 1846 legte er in mehreren Etappen den Park an. Im Todesjahr seiner Gattin, 1854, lässt er im Westteil des Parks eine Erdpyramide errichten. »Dieser Tumulus«, heißt es in einer zeitgenössischen Darstellung, »erhebt sich in der Mitte eines Sees ..., welcher ausgegraben wurde, um die zu der Pyramide nöthige Erde zu gewinnen ... Obschon die Idee eines solchen Riesengrabes sehr alt und verbreitet ist ... muß man doch über ihre erhabene Originalität in unserer glatten Zeit und die Kühnheit und Art der Ausführung staunen. Diese Pyramide mit abgestumpfter Spitze ist von ihrer Grundfläche 60 Fuss hoch, erscheint aber mit ihrem Inselfusse von der Wasserfläche an höher, wozu noch der Umstand kommt, dass es Meilen weit keine Erhebung gibt, diese daher überall am Horizonte erscheint und in grosser Entfernung gesehen wird. Sie hat eine Grundfläche von 10.000 Quadratfuss. 60 oder mehr Stufen von Granit führen zur Spitze, welche mit einer Granitplatte gedeckt ist ... Nach dem Ableben des Fürsten soll ein Stollen in den Berg getrieben werden und nach der Beisetzung wieder verschlossen werden.«[67] So geschah es dann später auch. Das Motiv, die Pyramide im Wasser liegend erscheinen zu lassen, mag darauf zurückzuführen sein, dass die Pyramiden bei Giseh – bei steigendem Nil – von Kairo aus mit dem Boot zu erreichen waren. Eine zweite Pyramide, die sogenannte Landpyramide, eine zweistufige Pyramide mit geradem Abschluss wird 1863 errichtet. Ihr Vorbild ist offenbar in der Pyramide von Meidum zu finden, deren Pyramidenstumpf aus einem Trümmerhaufen von Schutt herausragt.[68]

Warum errichtete er seine Pyramiden? Auf den unmittelbaren Ägyptenbezug – die Wasserpyramide bei der Nilschwelle in Ägypten und die Landpyramide als ein aus dem Schuttkegel herausragendes Grabmal – war bereits hingewiesen. Aber es ging ihm wohl um mehr. Ganz offensichtlich wollte er damit auch einen Bezug zum Jenseits herstellen. Der »Westen« der alten Ägypter, das Reich der Toten und die Unterwelt der Griechen, der Hades, zu dem die Seelen der Verstorbenen von Charon, dem Fährmann, über den Fluss Styx gebracht werden, wurden durch die Seelage in die Konzeption mit einbezogen. Und schließlich erinnert es an die Rezeption in der Neuzeit; an die erste Grabstätte von Rousseau, die Pappelinsel von Ermenonville bei Paris und ihre Nachahmung in der Gartenanlage von Wörlitz aus dem Jahr 1782.

Abb. 26:
Karl Richard Lepsius,
Giseh, Ansicht der Pyramiden
in: »Denkmäler«
Abth.I, Bl.19
(1859)

Abb. 27:
»Aufhissen der preussischen Flagge auf der Pyramide des Cheops unter Führung von Prof. Lepsius am 15. Oktober 1842«
Signiert: J. J. Frey (1842)

KARL RICHARD LEPSIUS UND DIE PREUSSISCHE EXPEDITION

Wenige Jahre nach dem Aufenthalt des Fürsten Pückler im Orient rüstete Preußen eine Expedition nach Ägypten aus. Sie wurde von Karl Richard Lepsius geleitet, begann ihre Arbeit 1842 und kehrte 1845 zurück. Auch hier spielten die Pyramiden eine erhebliche Rolle. Es wurden auf dieser Reise nicht nur die Pyramiden in Ägypten, sondern auch in Äthiopien aufgenommen. Die Cheops-Pyramide wurde sogar mit einer Inschrift in Hieroglypen versehen. Der Blick von der Großen Pyramide wurde von den Zeichnern in Aquarellen festgehalten. Von dieser Reise brachte die Expedition nicht nur zahlreiche Zeichnungen, Abklatsche und Gipsabgüsse altägyptischer Denkmäler, sondern auch eine Sammlung von 613 Originalen nach Berlin mit: Schmuck, zahlreiche Statuen und eine ganze Grabkammer waren darunter. Mit dieser Leistung erwies sich Lepsius nicht nur als hervorragender Organisator, sondern darf auch als der Begründer der systematischen, wissenschaftlich orientierten Feldforschung bezeichnet werden. Die Ergebnisse der Expedition legte er in einem zwölfbändigen Tafelwerk vor, das zwischen 1849 und 1859 erschien.[69] Es wird heute noch als Standardwerk genutzt. Damit – zwei Jahrzehnte zuvor war die Entzifferung der Hieroglyphen gelungen – belegte Preußen einen hervorragenden Platz in der sich entwickelnden Ägyptologie. Den Pyramiden war damit ein wesentlicher Teil ihrer Geheimnisse genommen.

GRAB- UND DENKMÄLER DES HISTORISMUS

Auf dem Jüdischen Friedhof in der Schönhauser Allee in Berlin, befindet sich das Grabmal für Frau Ludwig Loewe Sophie, geborene Lindenheim. Das 1876 errichtete Grabmal in der Form eines gleichschenkeligen Dreiecks, imitiert die Form einer Pyramide. Eine breite Putzquaderung deutet die Errichtung aus großen Steinen an. Durch eine Platte wird die Scheintür verschlossen. Über der Tür befindet sich das Medaillon der Verstorbenen.[70] Das Grabmal ist ein Zeichen für die historisierenden Grabbauten in der 2. Hälfte des 19. Jahrhunderts, zeigt aber auch durch die Darstellung der Verstorbenen, dass die Bildlosigkeit jüdischer Gräber in dieser Zeit aufgegeben wurde. Auf dem Friedhof sind weitere Grabstätten mit ägyptisierenden Motiven zu finden. Zwei ältere Grabmäler sind als Pylonwände gestaltet. Sie bildeten einst das Eingangsbauwerk altägyptischer Tempel.

Abb. 28:
Das Grabmal Loewe auf dem Jüdischen Friedhof in Berlin (1876)

In Großbeeren, südlich von Berlin, sind drei Denkmäler für die denkwürdige Schlacht vom 23. August 1813 zu finden. Hier gelang es den preußischen Truppen unter Generalleutnant von Bülow, die Truppen Napoleons westlich des Ortes zu schlagen. Schon 1817 errichtete man ein gusseisernes Denkmal in der Form eines von Schinkel entworfenen Obelisk, der an der Kirche des Ortes seinen Platz fand. Zum Gedenken der Jahrhundertfeier der Schlacht entstand in der Ortsmitte ein 32 Meter hohes Denkmal mit Aussichtsplattform und kleiner Gedenkhalle. An den Schlachtort selbst erinnert die sogenannte Bülow-Pyramide. Sie steht im Zentrum des Schlachtfeldes. Es ist eine zehn Meter hohe Feldsteinpyramide, die 1906 errichtet wurde. Die Pyramide trägt an der Südseite die Inschrift: »Zur Erinnerung an die siegreiche Schlacht bei Grossbeeren am 23. August 1813«. Und die Inschrift auf der Rückseite lautet: »Unsere Kochen sollen vor Berlin bleichen; nicht rückwärts«.

Auf dem ehemaligen Flugplatz der Sowjetarmee in Sperenberg, etwa 50 Kilometer südlich von Berlin, steht am Rande des Schumka-Sees eine kleine steile Pyramide. Sie ist kaum zehn Meter hoch und aus behauenem örtlichen Stein errichtet. Die Kanten wurden sorgfältig ausgeführt, die dreiseitigen Flächen weniger regelmäßig ausgefüllt. Sie wurde nach dem I. Weltkrieg errichtet und erinnert an die gefallenen Eisenbahnpioniere des Krieges.[71]

Abb. 29:
Das Denkmal zur
Erinnerung an die
Schlacht von Groß-
beeren im Jahre 1813
(1906)

In der Inschrift heißt es:

Markstein
für die im Weltkriege
1914–1919
gefallenen
Eisenbahnpioniere
und Pioniere
Ihrem Gedächtnis
unser Denken unsere Treue
unsere Arbeit unser Leben
Mortuos – Plango –
vivos – voco –
fulgura – frango!

(Die Toten beweine ich – die Lebenden rufe ich – die Blitze breche ich) Es ist das Motto für Friedrich Schillers »Lied von der Glocke«, allerdings sind hier die erste und die zweite Zeile miteinander vertauscht.[72]

Abb. 30:
Denkmal für die
Pioniere des ersten
Weltkrieges am
Schumkasee
südlich von Berlin
(um 1920)

SCHLUSS

Die dargestellten Pyramiden und Pyramidenprojekte prägen die brandenburgische Kunstgeschichte mit. Sie lassen die These zu, dass mit diesen schwer zu gestaltenden, mit geistesgeschichtlichem Hintergrund beladenen Bauwerken immer wieder der Versuch gemacht wurde, das Besondere, das Denkmalhafte, das Ewige und Einmalige darzustellen. Diese Entwicklung lässt sich in mehreren Phasen nachvollziehen.[73] Dabei unterliegt die Bedeutung der Aussage des Bauwerks wesentlichen Verschiebungen. Der Kontext scheint zu wechseln: Einmal steht die Pyramide allein im Mittelpunkt der Aussage, das andere Mal ist sie nur Teil eines historischen Bezuges. Während sie in der Renaissance ethische Werte implizierte, wird sie in der Barockzeit zur Staffage und Kulisse. Im Klassizismus besitzt sie monumentalen Denkmalcharakter. Als an der Wende zum 19. Jahrhundert die Kenntnisse über Ägypten schlagartig zunehmen, hemmt das den kreativen Spielraum der Künstler und verlangt eine Neubewertung. Man entfernt sich wieder von ihrer schlichten Aussagekraft. Die Pyramide wird gegenüber anderen Denkmalsformen auswechselbar.

Als Letztes muss nun gefragt werden: Was waren die ägyptischen Pyramiden wirklich? Was motivierte die Ägypter, solche gewaltigen Bauwerke zu bauen? Was sollten sie bewirken? Die Pyramiden waren die Gräber der Pharaonen und hatten als solche teil an der Vergöttlichung des Pharao. Die vorgefundenen Pyramidentexte geben uns Auskunft, dass der verstorbene König vom Sonnengott Re und anderen Göttern aufgenommen wurde und schließlich den Göttern gleichgestellt wird. Welche Rolle in diesem Prozess die Grabbauten spielten, wird uns durch Hekataios von Abdera, der um 300 v. Chr. Ägypten bereiste, deutlich. Er beschreibt die Dimensionen ägyptischen Denkens so: »Die Einheimischen geben der im Leben verbrachten Zeit einen ganz geringen Wert. Dagegen legen sie das größte Gewicht auf die Zeit nach ihrem Tode, während derer man durch die Erinnerung an die Tugend im Gedächtnis bewahrt wird. Die Behausungen der Lebenden nennen sie Herbergen, da wir nur kurze Zeit in ihnen wohnten. Die Gräber der Verstorbenen bezeichnen sie als »ewige Häuser«, da wir die unendliche Ewigkeit im Hades verbrächten. Entsprechend verwenden sie wenig Gedanken auf die Ausstattung ihrer Häuser, wohingegen ihnen für die Gräber kein Aufwand zu hoch erscheint.«[74] Genau hier liegt der Kern der altägyptischen Jenseitsvorstellungen. Der Bau der Gräber und der Pyramiden bedeutete nicht – wie es uns heute erscheinen mag – Lebensferne, sondern Lebensnähe; die Grabbauten dienten nicht nur der Erinnerung und sollten das Vergessen verhindern, sondern waren auch Teil der Vorsorge für eine weitere, zukünftige Existenz. Nur in der Umkehrung unserer heutigen Vorstellungen können wir die Erbauer der Pyramiden verstehen: Sie sahen nicht in die Vergangenheit, wenn sie die Pyramide errichteten, sondern dachten an die Zukunft. Um diese zu sichern, variierte man die Grabbauten, modifizierte ihre Ausführung und experimentierte mit der Gesamtkonzeption der Anlage. An diesem Werk teilzuhaben, war Motivation, Aufgabe und Verpflichtung für die Ägypter. Haben von dieser Haltung spätere Generationen etwas geahnt? Übte die Verbindung vom Bewahren des Vergangenen und Bannen der Zukunft auf spätere Generationen deshalb eine solche Faszinationen aus?

Anmerkungen

1 Herodot, II. Buch, 124, 125.

2 Ebenda.

3 Diodorus Siculus, Bibliotheke, Bd. 1.

4 Plinius d. Ä., Naturalis historiae. Buch 2.

5 Stöckhert, Luise: Meta Romuli und Meta Remi, in: Tietze, Christian: Die Pyramide. Geschichte Entdeckung Faszination. Potsdam 1999, S. 93ff.

6 Haarmann, Ulrich: Das pharaonische Ägypten bei islamischen Autoren des Mittelalters, in: Zum Bild Ägyptens im Mittelalter und in der Renaissance. Göttingen 1990, S. 29-58.

7 1. Mose 12, 10-12.

8 2. Mose 1-12.

9 Ebenda, 1, 11.

10 Matthäus 2, 13-15.

11 Colonna, Francesco: Hypnerotomachia Poliphili. Venedig 1499.

12 Henkel, Arthur/Schöne, Albrecht: Emblemata – Handbuch zur Sinnbildkunst des XVI. und XVII. Jahrhunderts. Taschenbuchausgabe. Stuttgart und Weimar 1996, col. 1222.

13 Ebenda, col. 1224.

14 Ebenda.

15 Khattab, Aleya: Das Ägyptenbild in den deutschsprachigen Reisebeschreibungen der Zeit von 1285-1500. Frankfurt/M 1982.; s. auch Graefe, Erhart: A propos der Pyramidenbeschreibung des Wilhelm von Boldensele aus dem Jahre 1335, in: Zum Bild Ägyptens im Mittelalter und in der Neuzeit. Göttingen 1990, S. 9-28.

16 s. Abb. 1 und Abb. 5, in: Zum Bild Ägyptens im Mittelalter und in der Renaissance, hrsg. von Erik Hornung. Göttingen 1990.

17 Della Valle, Pietro: Reiss-Beschreibung in unterschiedliche Theile der Welt/nemlich in Türckey/ Egypten/ Palestina/ Persien/ Ost-Indien/ und andere weit entlegene Landschaften, Kupferstich n. S. 104, Genf 1674.

18 Happel, Eberhard Werner: Gröste Denckwürdigkeiten der Welt. Oder sogenannte Relationes Curiosae. Bd. 1, Die Pyramiden in Egypten. Hamburg 1683, S. 292.

19 Stöckhert, Luise: Vision Konstantins, a. a. O., S. 95.

20 Gröben, Otto Friedrich von der: Orientalische Reisebeschreibung des Brandenburgischen Adelichen Pilgers Otto Friedrich von der Gröben Anno 1694. n. S. 336.

21 Séthos. Histoire ou vie tirée des monuments anecdotes de l´Ancienne Egypte. Traduite d´un manuscrit grec. 1731. Vorbild hierfür waren: Les Aventures de Télémaque von Fenelon und Voyages de Cyrus von Michael Ramsey.

22 Apulejus oder der goldene Esel, Buch XI, 23.

23 Staehelin, Elisabeth: Zum Motiv der Pyramiden als Prüfungs- und Einweihungsstätten, in: Studies in Egyptology. Jerusalem 1990 (Reprint).

24 Fischer von Erlach, Johann Bernhard: Entwurff einer historischen Architectur. Wien 1721.

25 Ebenda, 1. Buch, Tafel IV.

26 Ebenda, Tafel III.

27 Ebenda, Tafel XI.

28 Ebenda, Tafel XII.

29 Ebenda, 5. Buch, Tafel II.

30 Pocöcke, Richard: A Description of the East and some other Countries. London 1743 und Frederick Ludwig Norden: Travels in Egypt and Nubia. London 1757.

31 Trost Heinrich u. a.: Die Bau- und Kunstdenkmale der DDR – Bezirk Frankfurt/Oder. Berlin 1980, S. 274f.; Dehio, Georg: Handbuch der deutschen Kunstdenkmäler – Die Bezirke Cottbus und Frankfurt/0. Berlin 1987, S. 237.

32 Claudianus, Carmen 3,7. Der aus Alexandria stammende Claudianus gilt als der letzte bedeutende Dichter des heidnischen Rom.

33 Dehio, a. a. O., Bezirke Berlin/DDR und Potsdam. Berlin 1983, S. 354f.

34 Giersberg, Hans-Joachim/Schendel, Adelheid: Potsdamer Veduten. Potsdam 1982, S. 78.

35 Hennert, [Karl Wilhelm von]: Beschreibung des Lustschlosses und Gartens Sr. Königlichen Hoheit des Prinzen Heinrichs Bruders des Königs, zu Rheinsberg, wie auch der Stadt und der Gegend um dieselbe. Berlin 1778, S. 50.

36 Ebenda, S. 70.

37 Ebenda.

38 Ebenda, S. 75.

39 Die Spazierfahrt nach Machern oder Taschenbuch für die, welche von Leipzig aus den großen und schönen Garten dasselbst besehen wollen, Leipzig 1798 (o. V.); s. auch Toppfstedt, T.: Der Landschaftspark Machern. Leipzig 1979, S. 11.

40 Historische Gärten in Hessen. Bad Homburg vor der Höhe 1989, S. 20ff.

41 Ekel, F. C.: Perspekive du Chateau, du Jardin et des environs du Lac de Reinsberg. Staatsbibliothek, Kartenabteilung (Y37044). Am Rande rechts ist das kleine Pyramidengebäude zu sehen.

42 Der Tempel und Katacombe im Prinzlichen Garten zu Rheinsberg, in: Sammlung Romantischer Partien im Garten S. K. H. des Prinzen Heinrich von Preußen zu Rheinsberg mit den umliegenden Gegenden, 1788. Blatt 52. Staatsbibliothek, Kartenabteilung (Y37047).

43 Hartke, Werner: Garzau: Historisch-kritische Darstellungen zur Berliner Aufklärung, in: Mitteilungen der Pückler-Gesellschaft 7. Heft – Neue Folge – Berlin 1991, S. 60ff.; ders.: Eine Tahiti-Rezeption in Berlin während der Aufklärungsperiode des 18. Jahrhunderts, in: Das Altertum, Bd. 28, Heft 3, 1982, S. 177-185.; Hamann, Heinrich: Der Landschaftsgarten in Garzau, in: Gärten der Goethe-Zeit, hrsg. von Harri Günther. [Unter Mitw. Von Adrian von Buttlar ...]. Leipzig 1993, S. 181-185.

44 Reichenberg, Leopold von: Einige Bemerkungen über die Gärten in der Mark Brandenburg. Berlin 1790, S. 24. (Wiederabgedruckt in: Mitteilungen der Pückler-Gesellschaft 7. Heft – Neue Folge – Berlin 1991).

45 Horvath, Carl Christian: Der Königliche neue Garten an der heiligen See und die Pfaueninsel bei Potsdam. Potsdam 1802, S. 51f.

46 Reichenberg, a. a. O., S. 24.

47 Ebenda, a. a. O., S. 25.

48 Ebenda, a. a. O., S. 26.

49 Ebenda.

50 Fischer von Erlach, a. a. O., Band 1, Tafel XI.

51 Oncken, Alste: Friedrich Gilly. Berlin 1935, Neuauflage 1981, S. 43ff. und Tafel 24.

52 Ebenda, S. 125 und Tafel 13, B 310 Pyramidenmonument I.: Fassade »im December 1791« und B 314 Pyramidenmonument I.: Schnitt.

53 Oncken, a. a. O., Tafel 16, B 305, 307, 309, 311-13.

54 2. Pyramide des Snofru, 4. Dynastie, 2575-2551 v. Chr. Grundkantenlänge 188 m, Höhe 105 m.

55 Oncken, a. a. O., S. Tafel 18 und S. 38f. Aquarell 21,5 x 18,8 cm.

56 Berlin und die Antike. Katalog. Berlin 1979, S. 203.

57 Horvath, a. a. O., S. 37.

58 Ebenda.

59 Le Rouge, Georges Louis: Jardins Anglo-Chinois. Paris 1785.; s. auch Giersberg, Hans-Joachim/ Schendel, Adelheid: Potsdamer Vedouten, a. a. O., S. 101 und Parlasca, Klaus: Archäologische Ausstattungen in Gärten der Goethe-Zeit, in: Nürnberger Blätter zur Archäologie – Sonderdruck Heft 8, 1991-1992, S. 34-40. Dort ist auf Seite 28 das ursprüngliche Aussehen der Pyramide und auf S. 29 das Vorbild wiedergegeben.

60 Wenzel, Holger: Friedrich Wilhelm von Rochow – Denkmal in Reckahn, in: Tietze, Christian: Die Pyramide, a. a. O., S. 114.

61 Fürst Pücklers Orientalische Reisen. Hamburg 1963, S. 213ff.

62 Ebenda, S. 216.

63 Ebenda.

64 Ebenda, S. 221.

65 Ebenda.

66 Ebenda.

67 Jäger, Hermann: Der Park zu Branitz, in: Im Spiegel der Erinnerung. Der Branitzer Park – Gartenparadies des Fürsten Pückler. 21 Beiträge von 1804 bis 1939. Edition Branitz 2. Cottbus 1996, S. 16.

68 Lepsius, Karl Richard: Denkmäler aus Aegypten und Aethiopien, 12 Bde., Berlin 1849-1859, Abth. I, Bl. 45.

69 Lepsius, Karl Richard: Denkmäler, a. a. O., 12 Bde., Berlin 1849-1859.

70 Trost, Heinrich u. a.: a. a. O., S. 361.

71 Wochenspiegel vom 22.10.1997.

72 In Friedrich Schillers »Lied von der Glocke« heißt es: »Vivos - voco. Mortuos - plango. Fulgura - frango«. Schiller bezieht sich hier, nachdem er praktische Kenntnisse über den Glockenguss gewonnen hatte, auf die Enzyklopädie von Krienitz (1780), in der die Glocke des Münsters von Schaffhausen mit dieser Inschrift von 1486 erwähnt wird.

73 Tietze, Christian: Zur Ägypten-Rezeption in der bildenden Kunst des 19. Jahrhunderts, in: Karl Richard Lepsius (1810–1884). Schriften zur Geschichte und Kultur des Alten Orients, Bd. 20., Berlin 1988, S. 87-96.

74 Überliefert bei Diodor, Bibl. Hist. I, 15.; s. auch Assmann, Jan: Kultur und Gedächtnis. Frankfurt/M. 1988, S. 92.

Holger Wenzel

SINNBILD, GRAB UND WEIHESTÄTTE – PYRAMIDEN IN DEUTSCHLAND*

Als der arabische Dichter Abu l-Ala Ahmad b. Sulaiman al-Ma´arri (973–1057) in seiner Kasida, einer Ode auf den Tod seines Vaters, zugleich über die Pyramiden nachdenkt, bemerkt er, dass es nichts »*Staunenswerteres und Unbegreiflicheres*« gäbe, »*als die Fähigkeit, aus den gewaltigsten Steinen einen Körper zu bauen, dessen Basis viereckig ist, der ... nach oben spitz zuläuft und von vier Flächen, gleichseitigen Dreiecken umschlossen wird*«, der dazu »*neben der gewaltigen Größe eine solide Ausführung und vorzügliche Symmetrie besitzt und eine so treffliche Anlage sei, daß bis auf den heutigen Tag die Wut der Stürme, die Regengüsse der Wolken und die Erschütterung der Erdbeben spurlos an ihm vorübergegangen sind*«. Und der Rechtsgelehrte Umara al-Jamani schreibt: »*... es gibt kein Bauwerk unter dem Himmel, das an Vollendung den (beiden) Pyramiden Ägyptens gliche! ... Mein Auge erquickte sich an diesen einzigartigen Bauten, aber meine Gedanken quälten sich mit der Frage, was sie bedeuten sollen!*«

Abb. 1:
»PRINCIPUM OPES,
PLEBIS ADMINICULA«
in: Henkel und
Schöne, Emblemata

Wie schon die frühen arabischen Dichter und Rechtsgelehrten, so haben sich Generationen von Menschen, durch alle Epochen hindurch, diese Frage gestellt, und sie sind in ihrer Beurteilung zu unterschiedlichsten Beantwortungen gekommen. So sah man sie, in der christlichen Überlieferung eines Gregor von Nazianz, als Kornspeicher an oder hielt sie für Schatzhäuser, aber man erkannte auch schon sehr früh ihre Funktion als Grabstätte von Königen. Sogar als Arche Noah wurden sie begriffen, was noch zu erläutern sein wird. So unterschiedlich die Vorstellungen waren, tradiert durch mündliche und schriftliche Überlieferungen, so unterschiedlich und uneinheitlich wurde auch bei der bildlichen Darstellung verfahren. Neben annähernd exakten Wiedergaben, die auf genauen Beobachtungen, gelegentlich sogar auf Vermessungen beruhten, finden sich zahlreiche andere, die ausschließlich der Fantasie entsprungen scheinen. Besonders die Letzteren zeichnen sich dadurch aus, dass sie nicht zwischen den geometrischen Formen von Pyramiden und Obelisken unterscheiden, wohl nicht zuletzt, weil es ihnen an Kenntnis über deren wirkliche Bedeutung fehlte. Daran wird sich auch in späterer Zeit, als sich im verstärkten Maße wissenschaftliches Interesse breit macht, nicht mehr sehr viel ändern. Durch das Aufkommen der Emblematik in der Renaissance erfährt auch das Motiv der Pyramide eine komprimierte Sinnbestimmung. Das Emblematum, das sich aus einem Lemma, dem Motto, und dem Icon, dem Bild, zusammensetzt und durch epigrammatische Stanzen zusammengeführt wird, erfreut sich bald größter Beliebtheit und findet weite Verbreitung. Eine wichtige Quelle stellt dabei, neben vielen anderen, die

SINNBILD, GRAB UND WEIHESTÄTTE – PYRAMIDEN IN DEUTSCHLAND

Hieroglyphica des Pierius Valerianus (1477–1558/60) aus dem Jahre 1556 dar, in der sich vermeintlich ägyptische Hieroglyphen und Kabbalistik, antike Mythologie sowie Zahlensymbolik, aber auch pythagoräische Vorstellungen und mittelalterliche Tiersymbolik vermischten. Auch bei der emblematischen Darstellung von Pyramiden wird, wie bereits erwähnt, nicht zwischen der tatsächlichen Form einer Pyramide und eines Obelisken unterschieden, beiden ist in dieser Zeit der gleiche Symbolgehalt zu eigen. Als Beispiel mag ein Emblematum dienen, das aus der 1565 von Adriaan de Jonge (Hoorn 1511–Middelburg 1575) veröffentlichten Sammlung von Emblemata stammt und das einen von Efeu umrankten Obelisken zeigt. Dazu heißt es in der Beischrift: »*Der schmiegsame Efeu umschlingt mit seinen schweifenden Armen die Pyramiden, die unvergänglichen Grabmäler der ägyptischen Könige. Auf der Könige wohlgegründeten Reichtum stützt sich das bedürftige Volk, und die Beständigkeit und Festigkeit des Sinnes dauern durch die Zeiten*«. [Abb. 1] Bemerkenswert ist dabei zum einen die frühe Erkenntnis, dass es sich bei den Pyramiden um Begräbnisse von Königen handelt, zum anderen verweist die hier beschworene Beständigkeit und Festigkeit des Sinnes auf den grundsätzlichen Wesens- und Erwartungsgehalt des verwendeten Motivs.

Der älteste erhaltene Pyramidenbau Deutschlands steht in Seelze bei Hannover. Es ist das im Jahre 1630 als Denkmal für einen tugendhaften Soldaten vollendete Obentraut-Denkmal – eine steilwandige Pyramide mit einer Steinkugel und einem Eisenkreuz an Stelle einer Spitze. Geschaffen wurde die fast sechs Meter hohe Sandsteinpyramide von dem im Hannoveraner Raum wirkenden Bildhauer Jeremias Sutel (1587–1631).

Abb. 2/3
Michael von Obentraut,
Denkmal in Seelze,
(1630)
Foto und Tuschezeichnung

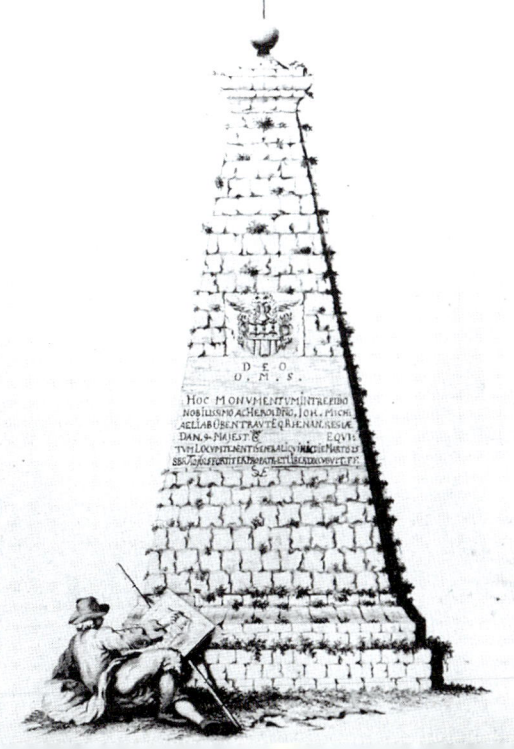

Sie erinnert an das Gefecht bei Seelze vom 25. Oktober 1625 zwischen einem Teil des Heeres der katholischen Liga unter seinem Generalissimus Reichsgraf von Tilly und einer evangelisch-dänischen Reitertruppe unter Herzog Friedrich von Sachsen-Altenburg und dem, in Anerkennung seiner Tapferkeit als *der Deutsche Michel* bekannte Generalleutnant Michael von Obentraut. [Abb. 2] Beide Gegner Tillys fielen an diesem Tag. Angeblich soll sich Tilly noch um den todwunden Obentraut bemüht haben und dabei, wie die Überlieferung berichtet, dessen Mahnung, das Reich zu einen, vernommen haben. »*Denk an das Reich, Tilly! Diese innere Feindschaft schlägt Deutschland zu Boden!*« Johann Michael von Obentraut wurde auf Veranlassung seines Bruders Conradt Niclass 1626 in der Marktkirche von Hannover begraben. Ebenfalls im Auftrag des Bruders wurde schon im gleichen Jahr mit den Arbeiten zu dieser Pyramide begonnen, die 1630 fertiggestellt war. Aus den Lebensumständen und dem Nachlass lässt sich kein dezidiert ägyptischer Bezug herstellen, und so ist die Deutung des Denkmals einzig aus dem emblematischen Verständnis dieser Zeit zu erschließen. Mit einem weiteren Emblematum aus dem Jahre 1610 kann das treffend verdeutlicht werden. Es zeigt einen Obelisk mit Mondsichel, dessen Schatten mit der Sonne wandert. Dazu heißt es: »*Er bleibt unbewegt, während sein Schatten wandert. Ein rechter Mann gleicht einer Säule oder einem standhaften Obelisken, auf dessen Spitze eine abnehmende Mondsichel angebracht ist, über die hinweg die Sonne ihre Bahn nimmt. Er fürchtet Schicksalsschläge kaum, kein Mißgeschick verletzt ihn. Die Leiden sind nur Schatten seiner Mondsichel: sie wandeln sich, doch er bleibt standhaft*«. Anstelle einer Mondsichel befindet sich hier auf der Seelzer Pyramide eine Kugel, als Verkörperung des spätantiken Symbols für die Unberechenbarkeit der Welt und dem Menschen als Spielball seiner Leidenschaften. Durch das christliche Symbol des Kreuzes jedoch wird der Gefallene letztendlich mit dem Schicksal versöhnt.

Eine besondere Art der Pyramidenbehandlung stellen die seit dem 16. Jahrhundert auftretenden Castra Doloris oder Trauergerüste dar. Diese sehr aufwendig ausgeführte ephemere Architektur wurde aus verschiedenen Materialien wie Holz, Stuck, Leinwand und anderen errichtet und blieb nur für eine befristete Zeit, überwiegend in Kirchen aufgestellt. Sie dienten der Aufbahrung eines verstorbenen Herrschers, bildeten den Ort seiner Huldigung und stellten einen symbolträchtigen Mittelpunkt für die Trauerfeier dar. Gelegentlich konnten aber auch andere, besonders zu ehrende Personen mit einem solchen Gebilde bedacht werden, wie eines der frühesten Beispiele aus dem Jahre 1564 zeigt. Diese, von der Florentiner Akademie für Michelangelo errichtete Pyramide wurde als Ruhmes- und Unsterblichkeitssymbol begriffen. Eine nicht unbeträchtliche Anzahl dieser Bauten besaß einen pyramidalen Aufbau und wurde, ebenso wie die sie umgebenden Obelisken, in der Tat als Pyramide bezeichnet. Im Castrum Doloris für den Herzog von Beauford befreite dann Giovanni Lorenzo Bernini 1669 die Pyramide aus ihrer emblematischen Funktion und brachte sie so zu der ihr eigenen und damit monumentalen Wirkung. Bald wurde der Aufbau, zumeist aber auch das gesamte Castrum Doloris, als Himmel aufgefasst, ja direkt als das himmlische Jerusalem begriffen, zu dem die Seele des Verstorbenen aufsteigt. Die Pyramide wird dabei als feuriges Licht einer immateriellen Welt und damit der Ewigkeit angesehen und steht gleichzeitig für die Gegenwart und die Vollkommenheit Gottes.

Besonders augenscheinlich wird die Gegenwart Gottes – geradezu im bildlichen Sinne des Wortes – auf einem völlig anderen Medium. Auf einer Seite der amerikanischen Ein-Dollar-Banknote ist ein Symbol abgebildet, das auf die Erlangung der amerikanischen Unabhängigkeit im Jahre 1776 Bezug nimmt. Es zeigt eine Pyramide ohne Spitze, über der ein Dreieck mit dem strahlenden Auge Gottes schwebt, dem Symbol für Gottes Anwesenheit und seiner Weisheit in der Dreifaltigkeit. Wie die Beischrift vermerkt, fördert er (Gott) das Beginnen. So wie der Pyramidenstumpf erst mit dem Dreieck als Spitze zur wirklichen Pyramide wird, so findet das von Menschen begonnene Werk erst durch Gottes Zutun seine Vollendung.

Gerade im monetären Bereich erschloss sich den Pyramiden-Darstellungen ein besonders weites Verbreitungsfeld. Zahlreich unterschiedliche Anlässe wie Geburt, Inthronisation, siegreich beendete Feldzüge, Abwendung von Not, vor allem aber Todesfälle zogen die Prägung von kunstvollen Medaillen und Münzen nach sich. Dabei erscheint das Motiv naturgemäß häufiger auf Medaillen als auf den vordringlich als Zahlungsmittel dienenden und damit bestimmten Kriterien unterworfenen Münzen. So wurde 1694 auf den Tod des sächsischen Herzogs Johann Georg IV. eine Münze in verschiedener Wertigkeit herausgegeben. [Abb. 3] Der 2/3 Taler zeigt dabei auf der Rückseite eine formatfüllende Pyramide; auf der Münze zu einem Taler erscheint sie sogar auf beiden Seiten. Die im weitaus größeren Umfang als Motiv- und damit Ideenträger eingesetzten Medaillen konnten, da sie keinen Währungsvorgaben unterstanden, je nach Verwendungszweck als goldene, silberne und bronzene Exemplare, aber auch in Zinn und Blei, auf ein und denselben Anlass herausgegeben werden. Für die Ausfertigung wurden oft namhafte Künstler, Stempelschneider und Medailleure verpflichtet, denen es nicht selten gelang, auf kleinstem Raum Meisterwerke von hohem Rang zu schaffen. Das Beispiel stellt eine Zinnmedaille aus dem Jahre 1730 vor, die von dem berühmten Schweizer Medailleur Johann Karl Hedlinger, auf den Tod von Landgraf Karl von Hessen-Kassel (1670–1730) geschaffen wurde. Sie zeigt auf ihrer Vorderseite dessen Brustbild und auf der Rückseite eine Pyramide, hinter der das Panorama der Stadt Kassel angedeutet ist. Das in seiner Bedeutung so facettenreiche Motiv der Pyramide eignete sich besonders für die knappen Aussagen dieser kleinen Bildträger. Wenn die für besondere Ereignisse temporär errichteten Fest- oder Trauerpyramiden längst wieder abgetragen waren, blieben die symbolhaft auf Münzen geschaffenen dagegen oft für eine Ewigkeit erhalten.

Abb. 4:
2/3 Sterbetaler (1694), Sachsen-Albertinische Linie, Herzog Johann Georg IV. (1668–1694)

Neben den Gedächtnispyramiden numismatischer Art wurden aber auch weiterhin wirkliche Pyramiden geplant und gebaut. Wenn schon der kühne Entwurf für eine imposante Kirche in Pyramidenform, den der Großherzoglich-mecklenburgische Hofarchitekt Johann Joachim Busch 1765 für den Ludwigsluster Schlossplatz vorlegte, nicht realisiert wurde, so entstand doch im folgenden Jahr auf der Kasseler Wilhelmshöhe eine Pyramide, die als Grabmal des Cestius bezeichnet wurde. Landgraf Friedrich hatte das Vorbild auf einer seiner Bildungsreisen durch Italien in Rom selbst gesehen und fügte nun ein verkleinertes und sehr frei nachempfundenes Gebäude als Erinnerungsmotiv in seinen bemerkenswerten Landschaftspark ein, das mit den Worten des berühmten Gartentheoretikers Christian Cay Lorenz Hirschfeld »*in die grauen Jahrhunderte Ägyptens führte*«.

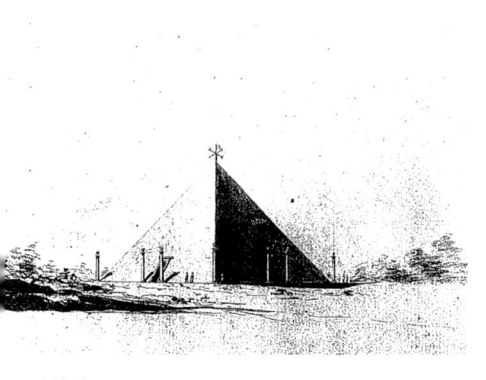

Abb. 5:
Johann Joachim Busch, Entwurf für eine Kirche in Ludwigslust (1765)

Überhaupt findet das Motiv der Pyramide über die Beschäftigung mit der Cestius-Pyramide in Rom wohl seine größte Verbreitung. Dutzende von Zeichnungen und Stichen, darunter vor allem die des Architekten und begnadeten Zeichners Giovanni Battista Piranesi, der seine Stiche sogar durch intensive archäologische Untersuchungen präzisierte, dazu genaue Beschreibungen von Bildungsreisenden und nicht zuletzt die vielfache Herstellung von detaillierten Korkmodellen, lassen die Cestius-Pyramide wohl zu einem der bekanntesten Grabmale der Antike werden. Kaum ein Fürstenhof, der nicht ein solches Modell von dem berühmten italienischen Meister Antonio Chichi oder seinem nicht minder geschätzten, deutschen Nachfolger Carl Joseph May und Georg Heinrich May besaß. Als Johann Wolfgang von Goethe 1779 die Sammlung in Gotha auf Schloss Friedenstein besuchte, berichtete er, offensichtlich beeindruckt, noch im selben Jahr wie folgt davon: »*Man verfertigt jetzt zu Rom Abbildungen alter Denkmäler, die von Kork nach verjüngtem Maasstabe gemacht sind, und die deutlichste und genaueste Vorstellung davon geben, die je möglich ist. ... Ich habe den Tempel von Tivoli, die Pyramide des Cestus, so abgebildet gesehen. Man glaubt davor zu stehen.*«

Weit entfernt von solchen Vorlagen entstand zur gleichen Zeit im Schaumburger Wald bei Bückeburg ein Grabmal ganz anderer Art. Eigenhändig entwarf Graf Wilhelm von Schaumburg-Lippe das Familienbegräbnis in Form einer getreppten Pyramide für seine Tochter und seine 1776 verstorbene und hochgeschätzte Frau. Der aufgeklärte Landesherr eines mustergültigen Kleinstaates lebte, gemeinsam mit seiner Frau, bewusst fern vom ungeliebten Hofleben im einfachen Jagdschloss Baum, inmitten ihres Landschaftsparks. Beide beschäftigten sich viel lieber mit philosophischen Fragen, vor allem nach der Bestimmung des Menschen, wobei ihnen der an ihrem Hof angestellte Hofprediger Johann Gottfried Herder ein geschätzter Gesprächspartner war. Der Graf, der sich auch auf militärischem Gebiet einen Namen gemacht hatte,

SINNBILD, GRAB UND WEIHESTÄTTE – PYRAMIDEN IN DEUTSCHLAND

Abb. 6:
Grabpyramide des Grafen Wilhelm von Schaumburg-Lippe-Bückeburg und seiner Gemahlin (1776)

betrieb auch mathematische und astronomische Studien. Dabei blieb es natürlich nicht aus, dass er auch mit freimaurerischem Gedankengut in Verbindung kam. Mit dem Pyramidenmausoleum schuf er daher – am Lieblingsort seiner Frau – eine Anlage, die seinem aufklärerisch-freimaurerischen Ethos entsprach. Die Pyramide, die vormals eine bronzene, später in Stein nachgeschaffene Armilarsphäre als Spitze trägt und damit zugleich auf einen metaphysischen Aspekt hinweist, steht im Mittelpunkt einer separaten Gartenanlage, die von einem komplizierten Spiralwegesystem und einem zeichenhaften Dreieck dominiert wird. Es verweist auf den Lebensweg eines nach höherer Erkenntnis und ethischer Vollkommenheit strebenden Menschen. Die Pyramide, noch im Irdischen stehend, dient als Implikator einer Wandlung in eine andere Daseinsform. Über das nicht mehr erhaltene Portal zu diesem abgegrenzten Gartenbereich ließ Graf Wilhelm den bezeichnenden Satz schreiben: »*Ewig ist die Fortschreitung, der Vollkommenheit sich zu nähern, obwohl am Grabe die Bahn dem Auge verschwindet.*«

Abb. 7/8:
Aufriß der Pyramide und Grundriß der geplanten Gartenanlage (nach Schönermark, 1776)

Abb. 9/10:
Mausoleum der Familie von Capellan in Lüderbach (1776–79)

Auf einer Anhöhe, östlich der Gemeinde Lüderbach, steht das Mausoleum der Familie von Capellan. Adam Friedrich von Capellan ließ 1776 das pyramidale Bauwerk für sich und seine im gleichen Jahr verstorbene Schwester Frederike von Cornberg anlegen, das bei seinem Tod 1779 vollendet war. Mit einer Stiftung versehen, wurde die Gemeinde Lüderbach nach dem Testament zum Erhalt der Pyramide verpflichtet, bis sie durch höhere Gewalt zerstört würde. Immer wieder erneuert, hat sie alle Zeiten überstanden und steht noch heute, wie ein Symbol, über der nordhessischen Landschaft.

Der in Lüderbach geborene Adam Friedrich von Capellan diente am Hofe des Landgrafen in Kassel, wurde später Kriegsrat und kam 1756 als Generaladjutant des Erbprinzen von Hessen an den Hof Friedrichs des Großen, wo er aber noch im selben Jahr seinen Dienst quittieren musste. Seither lebte er zurückgezogen auf seinen Gütern in Lüderbach. Sein Nachlass und sein Testament geben keinerlei Erklärung für das von ihm entworfene, eigenwillige Pyramiden-Mausoleum. Betrachtet man die exponierte Lage, könnte man durchaus an die auf dem Berg Ararat gestrandete Arche Noah denken. Dass diese Vorstellung nicht allein der Fantasie entsprungen ist, mag eine bildliche Darstellung aus dem 12. Jahrhundert belegen. Auf der im Jahre 1185 von Bonanus von Pisa geschaffenen Bronzetür des Doms von Monreale wird die Arche Noah als kubusförmiges Gebäude mit Pyramidendach dargestellt, dessen große Ähnlichkeit mit dem Capellan-Mausoleum nicht übersehen werden kann. Aber dieser »Arche-Noah-Gedanke« wird deutlicher auf einer weiteren Bronzetür, nämlich der 1452 vollendeten, sogenannten Paradiestür des Baptisteriums in Florenz, von Lorenzo Ghiberti. Der Florentiner Bronzebildhauer, Architekt, Maler und Schriftsteller stellte hier die Arche Noah als wirkliche Pyramide dar. Diese Vorstellung beruht wahrscheinlich auf der arabischen Legende von der versunkenen Pyramide, die durch den in Kairo wirkenden Universalhistoriker Makrisi (1346–1442) überliefert wurde. Danach sollen die Pyramiden 300 Jahre vor der Sintflut durch einen König namens Saurid erbaut worden sein, als dieser in einem Traum die Zerstörung allen Lebens vorhergesehen hatte. So habe man daher die Schriften des vermeintlich altägyptischen Weisen Hermes Trismegistos, eine Anzahl wichtiger Werke der Kunst und das gesamte mathematische und geometrische Wissen der damaligen Welt in eben diesen Pyramiden verschlossen. Gemeinsam mit seinem Wahrsager ließ sich der König, versetzt in einen todesähnlichen Schlaf, darin beisetzen, um nach der Sintflut wieder mit den Pyramiden aufzutauchen. Hatte das Fürst Pückler, der ja selbst in der von einem See umgebenen Pyramide, in seinem Branitzer Park begraben liegt, im Sinn, als er auf der zweiten, auf dem Land stehenden Pyramide den Spruch anbringen ließ: »*Gräber sind die Bergspitzen einer fernen schöneren Welt*«? Dem universell gebildeten Renaissancekünstler Lorenzo Ghiberti dürfte diese arabische Überlieferung nicht unbekannt gewesen sein. Für seine eigenen Schriften, die sich mit künstlerischen Fragen – darunter speziell mit optischen Problemen beschäftigten –, hatte er sich nicht allein in die Werke antiker Autoren, wie denen eines Ptolomäus, eingelesen. Auch den Schriften der bekannten arabischen Schriftsteller und Gelehrten des Mittelalters, die schon in lateinischen Übersetzungen vorlagen, galt sein besonderes Interesse.

Abb. 11: Darstellung der Arche Noah als Pyramide von Lorenzo Ghiberti. Paradiestür des Baptisteriums in Florenz (um 1452)

Während seiner Reisen an den Rhein in den Jahren zwischen 1817 und 1840 schuf der englische Maler William Turner zahlreiche Skizzen von Koblenz und dem Ehrenbreitstein. 1835 malte er das Landschaftsbild: »*Der Ehrenbreitstein und Marceaus Grab, aus Lord Byron's Childe Harold*«. Dem in der Royal Academy ausgestellten Bild waren dazu Verse aus Byron's Poem beigegeben, das Marceau als einen Helden der Revolution, als *der Freiheit Paladin* feierte: »*Bei Koblenz über eines Hügels Laub / Ragt schlicht und niedrig eine Pyramide ...*« Das einst hoch oben, im Fort auf dem Petersberg bei Koblenz-Lützel stehende Grabdenkmal wurde 1797 für François Severin Marceau,

Abb. 12/13:
Grabdenkmal für
General Marceau in
Koblenz (1797),
Schnittzeichnung
und Foto

einen General der französischen Revolutionsarmee erbaut. Der, wie es hieß, »*von Freund und Feind gleichermaßen geachtete General*« hatte schon am Sturm auf die Bastille teilgenommen, kommandierte am Rhein einen Teil der Maas-und-Sambre-Armee und hatte mehrfach die Festung Ehrenbreitstein belagert. Als er bald darauf fiel, wurde seine Asche an die Stelle überführt, von wo aus er die Belagerung begonnen hatte. Bei seiner Beisetzung war auch eine Abteilung der gegnerischen Österreicher anwesend. Sein Freund General Hoche erteilte dem Koblenzer Architekten und Baudirektor Peter Joseph Krahe den Auftrag, ein Grabmal zu errichten, das zugleich als Denkmal zur Erinnerung an die Eroberung des linken Rheinufers dienen sollte. Die Idee zu einer Pyramide, allerdings aus Erde angehäuft, soll dabei angeblich von General Kléber stammen, eben jenem General, der später mit Napoleon nach Ägypten segeln sollte. Im Inneren der Pyramide befindet sich ein großer Hauptraum mit halbkugelförmig gekuppeltem Gewölbe, der die Urne mit Marceaus Asche barg. Zwei weitere Hohlräume darüber dienten der Materialverringerung und der Druckentlastung. Den Zugang verschloss ein Relief, das ursprünglich ein Tropaion zeigte, aber gegen Ende 1800 durch das heutige Relief eines liegenden Löwen ersetzt wurde. Auf allen vier Seiten der Pyramide sind Widmungen angebracht. 1820 wurde das Denkmal an den Fuß des Petersberg versetzt, da an der alten Stelle eine Festung angelegt wurde. Die Urne aber wurde nach Paris überführt und im Pantheon aufgestellt.

SINNBILD, GRAB UND WEIHESTÄTTE – PYRAMIDEN IN DEUTSCHLAND

Schon früh hatte die Französische Revolution die Pyramide als Gedächtnissymbol, nicht aber als Grabstätte, aus der Herrschafts- und Adelstradition übernommen. Auch dem ermordeten Marat wurde eine Gedächtnis-Pyramide vor dem Pariser Stadtschloss errichtet. Zu einer Weiterentwicklung im Sinne einer, schon im Begriff umstrittenen Revolutionsarchitektur kam es jedoch nicht, sieht man einmal von den zahlreichen, zumeist aber nur auf dem Papier entstandenen Plänen ab, die Pyramiden z. B. als Krematorien oder gigantische Endlager aufbereiteter Verstorbener vorsah. Als Symbole der Unsterblichkeit hätten solche Bauten sicher nicht getaugt. Bereits 1693 hatte Augustin-Charles d'Aviler, der Hofarchitekt Ludwigs XIV., bemerkt, dass man manchmal Pyramiden für besondere Ereignisse errichte, und zugleich festgestellt: »*aber weil sie Symbole der Unsterblichkeit sind, dienen sie häufiger als Grabmäler*«.

Als ein Symbol der Unsterblichkeit kann zweifellos die Pyramide auf dem Marktplatzes in Karlsruhe angesehen werden. Als der Platz im Jahre 1807 eine Neugestaltung erfuhr, musste die alte Stadtkirche abgetragen werden. Dabei blieb die Gruft des Stadtgründers, Markgraf Karl Wilhelm von Baden-Durlach (1679–1738), zwar unangetastet, lag nun aber ungeschützt auf dem freien Platz. Da über ein würdiges und angemessenes Denkmal erst noch entschieden werden sollte, wurde das Grab vorerst mit einer provisorischen hölzernen Pyramide abgedeckt. Bedingt durch die politischen Umstände verzögerte sich die Entscheidung für ein Denkmal immer wieder, sodass die mittlerweile verwitterte Pyramide 1818 durch eine neue, ebenfalls

Abb. 14: Marktplatz von Karlsruhe mit der Pyramide, Stahlstich (um 1850)

Abb. 15:
Grabmal des Markgrafen Karl Wilhelm von Baden-Durlach, Karlsruhe (1825)

hölzerne ersetzt wurde. Obwohl der Karlsruher Hofarchitekt Friedrich Weinbrenner (1766–1826) auf eine baldige Entscheidung drängte und zumindest die Errichtung eines Denkmalsockels zum Schutz des Grabes vorschlug, sollte die endgültige Entscheidung erst im Mai 1823 fallen. Der Enkel des Markgrafen, Großherzog Ludwig I., verwarf alle Denkmalsentwürfe, und ließ, wie Weinbrenner in seinem Architektonischen Lehrbuch berichtete, »*diese Pyramide als eine der Vergänglichkeit am mehrsten entgegenstrebenden Form aufführen*«. Im Frühjahr 1825 war das endgültige, nun aus rotem Sandstein bestehende Bauwerk vollendet. Die Gruft war dabei, wie vorgesehen, nicht geöffnet worden. Der ebenerdige Raum darüber enthält, in eine Marmortafel eingraviert, den Stadtplan, wie ihn sein markgäflicher Gründer entworfen hatte, so wie einst, wie Weinbrenner bemerkte, Romulus und Remus den Plan von Rom in den Boden ihres Tempels eingeritzt hatten. Analog der Stadtgründung Roms knüpft die Grabpyramide von Karlsruhe auch an die antike Tradition des Heroon an, dem in der Mitte ihrer Stadtgründung stehenden Grab der lykischen Herrscher.

Vergänglichkeit dagegen, so hoffte einst Johann Gottfried Grohmann, der Herausgeber eines *Ideen-Magazin für Liebhaber von Gärten, Englischen Anlagen ... um Gärten und ländliche Gegenden ... zu verschönern ...*, das erstmals 1797 in Leipzig erschien, – Vergänglichkeit sollte der Pyramide im Landschaftsgarten von Machern beschieden sein, als er die Lage der dortigen Ritterburg lobte, die »*eine gute Wirkung machen (würde), wenn man ... nicht in ... ziemlicher Nähe eine große Ägyptische Pyramide erblickte, der zum Glück der baldige Einsturz droht.*« Grohmanns abschätzige Wertung der Pyramide bezieht sich wahrscheinlich nicht nur auf seine persönliche Ablehnung ägyptischer Formen, sondern orientiert sich möglicherweise an deren Nutzung, stellte er doch ansonsten in seinem Magazin eine nicht geringe Anzahl ägyptisierender Architekturen vor und darunter auch manche Pyramide. In den Jahren 1782 bis 1799 legte Karl Heinrich August Reichsgraf von Lindenau, mit Unterstützung des preußischen Bauinspektors Glasewald und des Leipziger Baukondukteurs Lange, in Machern bei Leipzig einen Landschaftspark nach englischem Vorbild an. Von den zahlreichen Staffagebauten wie Brücken, Tempeln, Götterfiguren, einer Eremitage und der schon erwähnten Burgruine, ist heute noch ein geringer Teil erhalten. Darunter befindet sich auch die 1792 für den verstorbenen Vater des Grafen errichtete Pyramide, die zugleich zum Mausoleum der gräflichen Familien bestimmt wurde. Die vielschichtige Betrachtungsmöglichkeit dieser Parkbauten ließ auch ihre ambivalente Nutzung zu. So wurde der großzügige Innenraum der etwa zehn Meter hohen Pyramide auch für Feierlichkeiten genutzt, bei denen der Graf seiner Vorfahren gedacht haben soll. Die einst in Wandnischen stehenden Urnen trugen Namen und Lebensdaten der hier nur namentlich anwesenden Ahnen und verdeckten gleichzeitig Schlitze im Mauerwerk, die Verbindung zu einem versteckten Umgang schufen. Die eigentliche Begräbnisstätte liegt unter der Pyramide und ist nur von außen erreichbar. Graf von Lindenau gehörte dem Geheimbund der Rosenkreuzer an, die sich gelegentlich freimaurerischer Vorstellungen bedienten, mit deren aufklärerischem Menschheitsideal aber nichts zu tun hatten. Die Einweihung in die Geheimnisse der Rosenkreuzer war oft von geisterhaften Erscheinungen begleitet. Die Pyramide von Machern bot genügend Gelegenheit für eine solche Nutzung, was sich auch für weitere Bauten im Park feststellen lässt. Im Übrigen war der Graf mit dem preußischen Minister Johann Rudolf von Bischoffwerder befreundet, der, ebenfalls Rosenkreuzer, in Berlin bekanntermaßen großen Einfluss auf den für alles Mystische sehr empfänglichen König Friedrich Wilhelm II. ausübte. So bemerkte Fontanes Effi Briest bei einem Spaziergang im Charlottenburger Schlosspark im Angesicht des Belvedere, dass es da drin auch einmal gespukt haben soll. »*Nein, bloß Geistererscheinungen*« erwiderte ihr Mann und dass zwischen Spuk und Geistererscheinung zu unterscheiden sei. »*Geistererscheinungen werden immer gemacht – wenigstens soll es hier in dem Belvedere so gewesen sein, ..., Spuk aber wird nie gemacht, Spuk ist natürlich.*« Dass Friedrich Wilhelm in seinem Neuen Garten in Potsdam auch eine Pyramide errichtet hatte, soll an dieser Stelle nur bemerkt werden.

Abb. 16: Grabmausoleum des Reichsgrafen von Lindenau Machern (1792)

Abb. 17/18:
Pyramidenbasis und Eingangsportal des Familienbegräbnisses des Grafen zu Münster in Derneburg (1839)

Gottfried Semper empfand Pyramiden im Zusammenhang mit dem Symbolcharakter von Architektur, »*als Symbol des Alls, das nichts außer sich kennt ... und daher besonders geeignet sei, für Denkmäler weltberühmter Männer und weltbeherrschender Volksführer*«. Kriterien, die Ernst Graf zu Münster, Minister König Georgs III. sicher erfüllte. 1815 vertrat er Englands Interessen auf dem Wiener Kongress und festigte die englische Dynastie aus dem Hause Hannover. Für seine hervorragenden Leistungen wurde ihm vom König die Domäne Derneburg, ein ehemaliges Kloster bei Holle, geschenkt. Graf Münster ließ die Anlage rasch zu einem Schloss umbauen. Mit dem Weiterbau wurde der von ihm geförderte und später das Stadtbild Hannovers klassizistisch prägende Architekt Georg Ludwig Laves beauftragt, der zugleich die Bauten des angrenzenden Landschaftsparks schuf – darunter 1839 das Familienbegräbnis in Form einer Pyramide. Die aus abgetreppten Sandsteinquadern gebaute, etwa elf Meter hohe Pyramide birgt in ihrem Innenraum, einem durch Kreuzrippen gegliederten Spitzgewölbe, noch heute die Bestattungen der gräflichen Familie. Die von einigen Erdbestattungen gesäumte Grabpyramide wird von einer Mauer mit einem schlichten Eingangspylon umschlossen, was der Anlage zugleich einen tempelähnlichen Charakter verleiht. Georg Ludwig Laves war seit seiner Studienzeit bestens mit ägyptischer Architektur und Plastik vertraut, da er während seines Studiums dutzendfach solche Vorlagen abgezeichnet hatte. So benutzte er besonders Frederik Nordens »*Reisebeschreibung seiner Reise durch Ägypten und Nubien*«. Das Werk des dänischen Offiziers und Zeichners war erstmals 1755 auf Französisch erschienen und hatte seinerzeit nicht nur bei Künstlern viel Beachtung gefunden. Es verwundert daher nicht, dass immer wieder ägyptische Elemente in seinem Schaffen auftauchen. 1841 hatte er für das Mausoleum von Königin Frederike in Hannover-Herrenhausen Entwürfe vorgelegt, die starke Übereinstimmung mit dem in römischer Zeit errichteten Tempel von Esna in Oberägypten zeigen, und in der Tat lässt sich die Vorlage dazu in Nordens Reisebeschreibung ausmachen. Der König stand den Entwürfen zwar wohlwollend gegenüber, zu einer Ausführung kam es jedoch nicht. Das Formale der Pyramide von Derneburg ist daher sicher von Laves bestimmt, aber die inhaltliche Komponente scheint auf das Pyramidenmausoleum von Baum im Schaumburger Wald zu verweisen. Aufgrund seiner verwandtschaftlichen Beziehungen und der daraus resultierenden Besuche kannte Graf Münster die 60 Jahre früher entstandene Anlage aus eigener Anschauung. Mit ihrem Schöpfer aber scheint ihn eine geistige Gemeinsamkeit – über die Zeiten hinweg – verbunden zu haben, denn auf der steinernen Eingangstür der Münsterschen Pyramide stand bezeichnenderweise der heute nicht mehr erhaltene Spruch von der »*... Fortschreitung zur Vollkommenheit, obgleich am Grabe die Spur vor dem Auge verschwindet*«.

Die Spur soll uns noch zu einem letzten von zahlreichen, hier ungenannten Bauwerken führen – der bisher weitgehend unbeachtet gebliebenen, aber nicht minder aufwendigen Grabpyramide von Schloss Hämelschenburg. Erst im Rahmen einer 1994 vorgelegten Dissertation, die sich mit dem reizvollen Schloss, einem Hauptwerk der sogenannten Weserrenaissance, beschäftigte, konnte auch diese, sehr viel später entstandene Pyramide zweifelsfrei Ludwig Laves zugewiesen werden. Die außerhalb der Schlossanlage, frei in einer Waldlichtung stehende Pyramide hatte Leopold von Klenke 1854–56 für seine Frau Friederike von Meding angelegt. Laves, der auch hier wieder beim Schlossumbau tätig war, hatte dazu eine einfache Handskizze angefertigt und brieflich die Materialerfordernis mitgeteilt. Die Bauausführung lag dann wohl allein in den Händen des Schlossherrn. Dieser hatte mit zahlreichen technischen Problemen zu kämpfen, vor allem was die qualitative Beschaffenheit des verwendeten Steines betraf, der aus Kostengründen aus einem eigenen Vorkommen gebrochen wurde. Daher verzögerte sich die Fertigstellung immer

Abb. 19: Eingangsportal der Pyramide in Hämelschenburg (1854–56)

wieder, sodass die schon über dem Portal eingemeißelte Jahresangabe 1854 nicht eingehalten werden konnte. Schenkt man den privaten Zeugnissen Glauben, dann scheint die Entstehung dieser Pyramide auf sehr persönliche Weise zustande gekommen zu sein. Leopold von Klenkes Frau war an Tuberkulose erkrankt. Da die Krankheit nicht mehr aufzuhalten war, wollte sie noch eine Reise nach Ägypten unternehmen, weil sie wünschte, die Pyramiden zu sehen. Dies Ziel erreichte sie jedoch nicht mehr – sie starb noch während einer Kur in Südfrankreich. Gleich nach ihrem Tod hatte ihr Mann mit der Planung für ein neues Erbbegräbnis begonnen. Zum einen, wie er in einem Brief an seine Schwiegermutter mitteilte, da die alte Familiengruft überfüllt sei, zum anderen aber, um das Andenken seiner Frau besonders zu ehren. Mit dieser Grabform erfüllte er den Wunsch seiner Frau in dauerhafter Weise. Vielleicht ist diese Pyramide die Einzige, die nicht auf der Suche nach einem imaginären, sondern aus Sehnsucht nach dem wirklichen Ägypten entstanden ist. So wie wir aber, wie ich fürchte, kaum jemals alle Fragen und Rätsel lösen können, die uns die europäischen Pyramiden stellen, so sind wir uns dagegen einig mit dem schon eingangs zitierten Umara al-Jamani, der über die Bedeutung der altägyptischen Pyramiden nachdachte und dabei feststellte: »*Das sind Bauten, die sogar die Zeit fürchtet, und es fürchtet doch alles in der sichtbaren Welt die Zeit.*«

Abb. 20:
Grabpyramide der
Familie Klenke
in Hämelschenburg
(1854–56)

Anmerkung

*   Der Beitrag wurde als Vortrag im August 1997 in Schloss Branitz aus Anlass der Pyramiden-Ausstellung gehalten. Es handelt sich dabei um einen stark summarischen Auszug aus einer umfangreichen Publikation, die der Autor zu diesem Thema vorbereitet.

Annette Dorgerloh und Michael Niedermeier

PYRAMIDEN IM FRÜHEN LANDSCHAFTSGARTEN

Das Titelkupfer des Cottaschen »Taschenkalenders auf das Jahr 1797 für Natur- und Gartenfreunde« trägt die Bezeichnung »Die Piramide«. Dargestellt ist auf engem Raum – entsprechend dem Hochformat des Duodezbändchens – eine Ansammlung von Gebäuden, die in eine Landschaft eingebettet sind. Den größten Raum nimmt eine mit Steinplatten verkleidete Pyramide ein, die sockellos dem Gartenboden entwächst. Sie hat keinen Eingang, lässt aber große Öffnungen in Fensterhöhe erkennen. Unmittelbar hinter ihr ragen weitere Bauten auf, links das Fragment einer aquäduktartigen Architektur – gemeint ist die römische Stadtmauer am Paulstor[1] –, rechts einige schlichte Bauernhäuser. Die genreüblichen hohen Bäume am Bildrand tauchen die rechte Bildhälfte in ein schattiges Dunkel. Ein halb versunkener Staketenzaun im Vordergrund lenkt den Betrachterblick auf die Öffnung in der Bildmitte hin. Hier ist ein Wanderer eben im Begriff, die Vordergrundschwelle zu überschreiten und sich den Bauten zu nähern.

Das Kupfer fasst auf engem Raum zusammen, was der verstorbene Bauherr mit der dargestellten und bisher der Öffentlichkeit unzugänglichen Anlage[2] – es handelt sich um den Garten des Herzogs Karl Eugen von Württemberg und seiner Mätresse Franziska von Leutrum in Hohenheim (1776–83) – beabsichtigte: die Fiktion eines beschei-

Abb. 1: Titelkupfer: »Die Piramide«, in: Taschenkalender auf das Jahr 1797 für Natur- und Gartenfreunde

Abb. 2:
Giovanni Battista
Piranesi: Frontispiz
zu »Le Antichità
Romane II« (1756)

denen, dem imperialen Ruhm, dem repräsentativen Aufwand der Stadt und dem Prunk der Residenz entsagenden »einfachen« Landlebens des württembergischen Landesvaters und seiner Gattin in einer dörflichen »Colonie«, errichtet auf nichts Geringerem als den versunkenen Trümmern des antiken Rom.[3]

Die Erfahrungen der Grand Tour und die intensive Lektüre von Piranesis Kupferstichwerk »Antichità Romane«[4], das Erlebnis der palimpsestartigen römischen Stadtstruktur mit den Resten einstiger Größe, vor allem aber die Villengärten in Tivoli erwiesen sich als starkes Movens für eine Gartenlandschaft, die sich nicht mit antiken Spolien oder Kopien als bedeutungsträchtigem Schmuck begnügte, sondern als bewohnbare Erinnerungslandschaft konzipiert war.[5]

In seinem kleinteiligen Garten wollte der Herzog wie einst Kaiser Hadrian in Tivoli – und darin folgten ihm Fürsten wie Franz von Anhalt-Dessau in Wörlitz –, Reminiszenzen seiner Bildungsreisen im Landschaftsgarten versammeln. »Um nämlich dasjenige, was andere glücklich genug sind, in ihren Cabinettern auf Kupferstichen zu besitzen, in seinem Garten wirklich zu haben, hat der Herzog die schönsten Werke Italiens, in dem Verhältniß wie Vier zu eins, aufführen lassen«[6], schrieb Fürst de Ligne, den der Herzog selbst geführt hatte.

Grundlegend aber verfolgte der Herzog mit der Anlage einen weiterführenden Plan. »Die Auslegung aller dieser Anlagen, und die Erläuterung, die der Herzog darüber giebt, sind sehr sinnreich: er nimmt an, dass eine Kolonie, die in diesem Bezirk die Trümmern von den Gebäuden einer römischen Kolonie fand, sich derselben bediente, um ihre Wohnungen bei derselben aufzuschlagen.«[7] Neben Ruinen des angeblichen Grabmals des Nero[8], der Domus Aurea,[9] der Katakomben[10], des Cybele-Tempels[11], des sogenannten Vesta-Tempels[12], des sog. Römischen Gefängnisses (Carcer Tullianus)[13], der Drei Säulen des Donnernden Jupiter[14], der Trajanssäule[15], die Bäder des Diocletian[16], des Sybillentempels in Tivoli[17] u. a. - insgesamt waren im »englischen Dörfle« mehr als 60 einzelne Gartenszenen entstanden – ließ der Herzog auch eine Pyramide nach dem Vorbild des Cestius-Grabmals errichten.[18] Gottlob Heinrich Rapps ausführliche Beschreibung der Bauwerke im »Gartenkalender« hebt den Charakter dieser weihevoll und mysteriös wirkenden Grabstätte hervor, deren Zugang in jenem scheinbar uralten Bauernhaus rechts lag.[19] Der 1799 von Rapp publizierte Gesamtplan vermerkt eine weitere »Piramide, die am anderen Ende der schönen Strasse zwischen den LegionsGebäuden, wiederholt ist«.[20]

Friedrich Schiller, der seinem Landesherren besonders in den frühen Jahren äußerst kritisch gegenüberstand, konnte sich in seiner Rezension der Beschreibung Hohenheims im Gartenkalender von 1795 des Lobes nicht enthalten[21]. Sie zeige die Synthese der von ihm kritisierten französischen und englischen Gartenstile, die sich hier in einer »Idee«[22] manifestierte: Indem »römische Grabmäler, Tempel, verfallene Mauern u. dgl. mit Schweizerhütten« verbunden wurden, sollte der Eindruck einer ländlichen Kolonie auf den Ruinen einer römischen Stadt entstehen. »Ländliche Simplizität und städtische versunkene Herrlichkeit, die zwei äußersten Zustände der Gesellschaft, grenzen auf eine rührende Art aneinander, und das ernste Gefühl der Vergänglichkeit verliert sich wunderbar schon in dem Gefühl des siegenden Lebens. Diese glückliche Mischung gießt durch die ganze Landschaft einen tiefen elegischen Ton aus, der den nachdenkenden Betrachter zwischen Ruhe und Bewegung, Nachdenken und Genuß schwankend erhält und noch lange nachhallet, wenn schon alles verschwunden ist.«[23]

Schiller sah den »modernen Menschen« entschieden von der Antike getrennt,[24] die rein nachahmende »naive« Rekonstruktion der Einheit von Natur, Mensch und Kunst im englischen Garten verfehlte nach seiner Ansicht das Ziel der Verbesserung des Geschmacks, der »die Moralität des Betragens« begünstigen könne. Erst die gestaltete Landschaft, die »durch Kunst exaltierte Natur«, die sich immer des »sentimentalischen« Abstandes zur Antike bewusst war, konnte eine Synthese zwischen Sinnlichkeit und Sittlichkeit im ästhetischen Spiel stiften und somit indirekt auf die Verbesserung der Moralität wirken.[25]

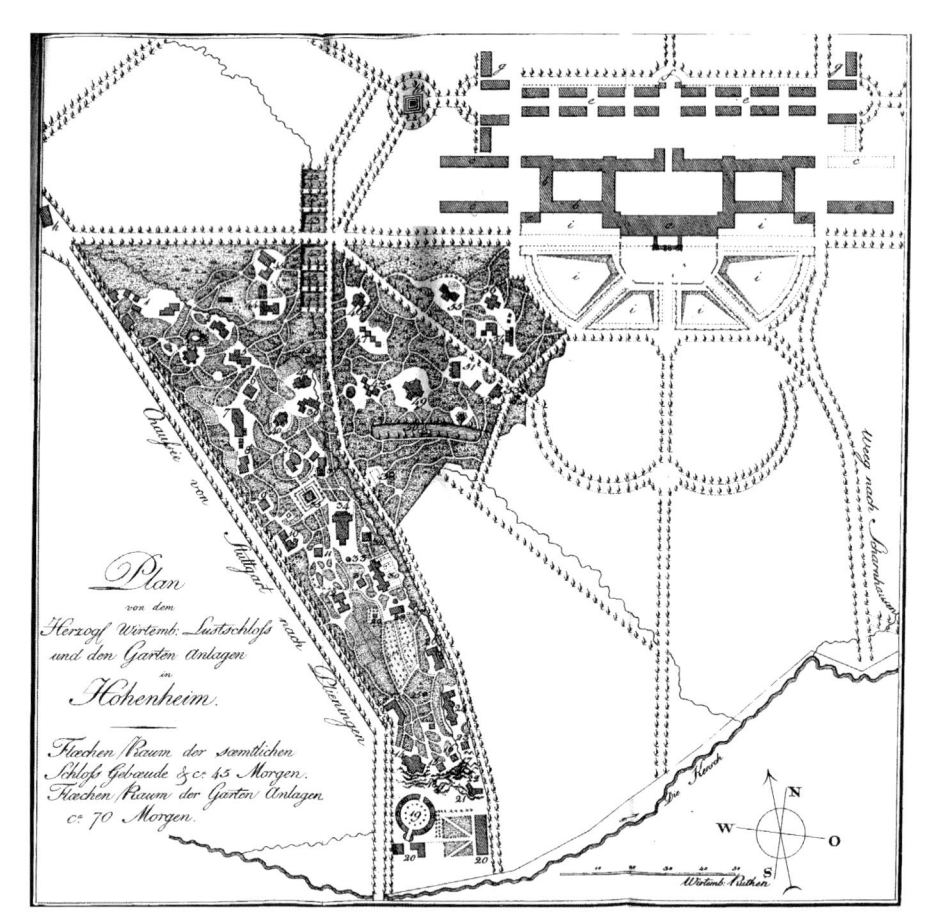

Abb. 3:
Plan des Gartens zu Hohenheim, in: Taschenkalender auf das Jahr 1799 für Natur- und Gartenfreunde

Tatsächlich gelang es der Mätresse Franziska von Leutrum, seit 1774 Reichsgräfin von Hohenheim und ab 1785 offiziell mit dem Herzog vermählt, nicht zuletzt über die gemeinschaftlich mit dem Herzog betriebene gärtnerische, landwirtschaftliche und gestalterische Beschäftigung mit dem Landleben in Hohenheim den Landesherren sittlich so zu beeinflussen, dass dieser seit dieser Zeit für Württemberg wohltätig wirkte. Im Zentrum der ländlichen Inszenierung stand nach der Intention des Herzogs »eine vollkommene Landwirtschaft«[26]. An seinem 50. Geburtstag, dem 11. 2. 1778, ließ der Herzog das berühmt gewordene Bußreskript verlesen, in dem er eine reumütige Umkehr zu einer tugendhaften landesväterlichen Regierungsform und einer einfachen, vernunftgemäßeren Lebensweise versprach, die der Sittenverderbnis des städtischen und öffentlichen Lebens entsagte.[27] Das auf einem fiktiven Grabmal eines Eremiten eingeschriebene Trauerbekenntnis über das frühere vertändelte Leben in schnödem Luxus und Wollust wurde als persönliches Bekenntnis des Herzogs angesehen.[28]

Die Anlage von Hohenheim sei, so Schiller, »ein symbolisches Charaktergemälde ihres so merkwürdigen Urhebers«[29], dies umso mehr, als er die Anlage ganz bewusst an dem Ort anlegen ließ, an dem ehemals das Geschlecht der Bombaste von Hohenheim sesshaft war.[30] Indem Carl Eugen seine Geliebte durch den Kaiser zu einer Reichsgräfin von Hohenheim hochadeln ließ, verknüpfte er mit dieser Anlage das alte Geschlecht, dem unter anderen der Arzt und Naturwissenschaftler Paracelsus (1493–1541) entstammte, genealogisch mit dem neubegründeten.[31] Zusammen mit den bedeutungsträchtigen Ruinen Roms als fiktivem Urgrund Württembergs wurde damit ein hoher Anspruch formuliert. Der Garten ist voll von Hinweisen und Denkmälern, die darauf aufmerksam machen, dass die Württemberger Fürsten[32] und einheimischen Gelehrten, Dichter und Künstler[33] nach einer Zeit früherer Kolonisten, deren Spuren gotisierende Bauten visualisieren sollten[34], ihren angestammten Platz in einer glücklichen dörflichen Gemeinschaft gefunden haben.

Die Hohenheimer Anlage nahm Bezug auf die Ruinen der im Württembergischen liegenden Hohenstauffen-Stammburg, der Bergfestung Hohen-Neuffen und der Burgruine Achalm[35] und integrierte römisch-antike und württembergische Grabsteine und andere Spolien zur Erhöhung der authentischen Wirkung in die Anlage.[36] Im Jahr 1782 schließlich plante der Herzog, eine fiktive Grabstätte aller Württemberger Herzöge im »Dörfle« zu errichten.

In ihrem Tagebuch vermerkte Franziska von Hohenheim am 23. April: Ihre Durchlaucht »fierden mich abends in das Dörfle, ich stecke Sau bonen, u dan fierden mich der herzog herum, wo Sie wollen die Grabmehler von allen hertzogen machen lassen.«[37] Ausgeführt wurde aber nur ein Denkmal Eberhards I. mit dem Bart (1446–1496), der dem Hause die Herzogwürde erwarb, in der Nähe des Römischen Gefängnisses, als Beispiel eines Fürsten »aus dem wirtembergischen Stamme«, der »durch Verstand und ausgezeichnete Biederkeit seinem Hause die HerzogsWürde (1495) erworben« und der ein Beispiel für die vertrauensvolle Verbindung von Fürst und Volk darstellen sollte.[38] Die eigene Familiengeschichte wurde somit der römischen Baugeschichte eingewoben.[39]

Die Idee einer in Eintracht mit der Dorfgemeinschaft lebende Gutsherrschaft auf den Trümmern einer römischen Stadt als moralisches Beispiel für den Untergang von imperialer Pracht wurde schon bald nach dem Tod des Herzogs verändert. Der regierende jüngere Bruder Friedrich Eugen errichtete dem Andenken Karl Eugens 1795 eine Kolossalstatue aus bronziertem Eisenguss. Dieses Denkmal stellte ihn aber nicht als altdeutsch-biederen[40] württembergischen Landes- und Hausvater mit ländlichen Attributen vor, sondern in römischer Toga und mit lateinischer Inschrift, die ihn als Herrscher mit imperialem Anspruch ausweist.[41]

GARTENKUNST UND GENEALOGIE

Antike Überlieferungen bildeten in frühen Landschaftsgärten den entscheidenden Bezugsrahmen für herrschaftliche Selbstinszenierungen, auch wenn diese sich häufig hinter gelehrter Kennerschaft antiker Bild- und Bauwerke verbargen. Die Reflektion über Zeit und Vergangenheit, aber auch über die Kraft der schöpferischen Natur und ihrer Sinnbilder wurde dabei in manchen der Anlagen mit genealogischen Aspekten zusammengebracht. So weisen die historischen Programme der frühen Landschaftsgärten in England und auf dem Kontinent vielfach fiktive und reale genealogische Bezugnahmen auf, die eine Verankerung der ambitionierten Auftraggeber einerseits in der Geschichte und andererseits in der konkreten Landschaft garantieren sollten.[42]

Dabei überlagerten sich nicht selten antike und nichtantike genealogische Ansippungsmuster, nach denen ein Adels- oder Herrscherhaus zum Teil auch mythische Vorfahren kleinasiatischer, griechischer, römischer oder germanischer Herkunft für sich beanspruchten. Schon die antikisierenden Herkules- oder Venus-Programme der Renaissance- und Barockgärten konnten auf eine mehr oder weniger plausible Verwandtschaft der auftraggebenden Adelsgeschlechter mit den römisch-julischen Kaisern verweisen.[43]

Zugleich verfolgten diese historisch-legitimierenden Inszenierungen die Absicht, die Bedeutung der aristokratischen Familie und ihrer Vertreter ins Künftige hinein dauerhaft erfahrbar zu machen.

Abb. 4:
Ruinenberg mit Pyramide, Potsdam-Sanssouci (1747), Fotografie

Im Folgenden soll an Beispielen gezeigt werden, welche wesentlichen Motive und Vorstellungen hinter dem Bedürfnis standen, die über in Gärten und Landschaften aufgestellte Pyramide - nach Erwin Panofsky das »uralte Sinnbild fortdauernden Ruhms«[44] – visualisiert werden sollten. Nicht nur die barocke Emblematik bietet zahlreiche Beispiele des ruhmreichen Überdauerns anhand von Grabbauten[45], auch in der Malerei geht die »heroische Landschaft« den Inszenierungen der Gartenkunst vielfach voraus.[46] Bereits in dem Francesco Colonna zugeschriebenen Liebes- und Architekturroman »Hypnerotomachia Poliphili« (1499), der über Jahrhunderte immer wieder Anregungen für Gartenanlagen bot, markierte die der Venus, dem Amor und der Kybele geweihte Pyramide mit ihrem labyrinthartigen Inneren, das schließlich den Ausgang in einen »locus amoenus« öffnet, die verschiedenen Erfahrungsräume des Haupthelden.[47]

Zwar war die Pyramidenform lange schon in der höfischen Festkultur verankert,[48] doch erfuhr sie im 18. Jahrhundert einen neuen Rezeptionsschub, der nun auf die Errichtung dauerhafter Bauten gerichtet war und vielfach direkt auf die römische Grabpyramide des Caius Cestius zurückging. Ein verkleinerter Nachbau bekrönte den 1747 errichteten »Ruinenberg« im Garten König Friedrichs II. in Sanssouci; hierin vielleicht dem englischen Beispiel der Pyramide im Garten des Lord Cobham zu Stowe folgend.

Hatte sich der junge Preußenkönig trotz seiner Vorliebe für empfindsame Landschaftsdarstellungen in der Art Claude Lorrains und Watteaus in Sanssouci für eine regelmäßige Parterre-Anlage entschieden, so wählte er im Fall des Ruinenberges eine antikische Erinnerungslandschaft.[49]

ANTIKE MYSTERIENKULTE UND NATURDEUTUNGEN

Es waren insbesondere die Freimaurer, die eine direkte Genealogie des Geheimwissens über den Bauplan der Natur von Adam und Eva über die alten Ägypter, die Mysterienkulte Griechenlands, die nordischen Druiden-Priester bis zu den mittelalterlichen Dombauhütten und schließlich zu den großen Architekten der Gegenwart herstellten. Seit mit Frederick von Wales das erste Mitglied einer königlichen Familie in den Freimaurerbund aufgenommen worden war, stellte sich die »königliche Kunst« auch als Schule der Staatsweisheit dar, in der die großen Könige von Moses und Salomon bis zu King Alfred als Mitglieder der geheimen Priesterschaft galten.

Das Geheimwissen der Geometrie, der Mathematik und der Baukunst wirkte, so Anderson in seiner legendären »Constitution« (1738), bei den Ägyptern, Hebräern, Phöniziern, Griechen und Römern, weiter über die Kelten, Gallier, Cimbern, Angelsachsen bis in die britische Gegenwart und das Georgianische Königshaus fort.

Der »Temple of the British Worthies«⁵⁰ (1735) in den elysischen Feldern in Stowe, gegenüber dem Gothic Temple, wurde in der Mitte mit dem Kopf eines Merkur gekrönt. Das Bildnis war in eine Stufenpyramide eingearbeitet und sollte verdeutlichen, dass Merkur die Helden der Vergangenheit ins Elysium geleite: »Campos Ducit ad Elysio« lautete die Inschrift. Freimaurer wie Lord Cobham verstanden Merkur als ersten Lehrer der Ägypter, der diese in die Wissenschaften einführte und sie Weisheit und die Künste lehrte. Auch betrachteten die Freimaurer den Merkur bzw. den Hermes/Anubis als Einführer in die Unterwelt. Sehr wahrscheinlich haben Cobham, Kent und Prinz Frederick von Wales den als fiktive Originalquelle gelesenen Sethos-Roman⁵¹ von Jean Terrasson, einen damals weit verbreiteten Erziehungsroman gekannt. Der 1731 erschienene Roman erlangte besonders in freimaurerischen Kreisen, aber auch unter naturwissenschaftlich, historisch und mystisch Interessierten eine starke Verbreitung. Der Ursprung der Pyramiden wurde hier von »Mercur«, dem ersten König von Theben, hergeleitet, der das Wissen und die Weisheit, um sie vor dem Verlust durch die Sintflut der Nilüberschwemmungen zu retten, in Hieroglyphen auf Pyramiden einritzen ließ. Unterirdische Gänge erschienen hier als geheime Einweihungs- und Versammlungsorte, aber auch als Forschungseinrichtungen, Ausbildungsstätten und Wissensspeicher.⁵²

Noch Ignaz von Born, der Wiener Freimaurer und Illuminat, ging davon aus, dass die Pyramiden Schrifttafeln »ehrwürdige Denkmäler der Kenntnisse dieser Nation« –, ja die »Bibel der Aegyptier«⁵³ gewesen seien. Und auch Friedrich Schiller lässt in seiner erfolgreichsten und massenwirksamsten Erzählung »Der Geisterseher. Aus den Memoiren des Grafen von O**« (1787–89), die als politischen Hintergrund nicht nur die Vorgänge um Cagliostro und seine angeblich ägyptische Maurerei, sondern auch den Einfluss der Geistersehrei auf das Haus Württemberg besaß,⁵⁴ über die Herkunft des unheimlichen Magier mutmaßen: »Wer er sei? Woher er gekommen? Wohin er gehe? weiß niemand. Daß er lang' in Aegypten gewesen, wie viele behaupten, und

Abb. 5:
William Kent: Stufenpyramide mit Merkur als Einführer in die Unterwelt. Temple of the British Worthies in den Elysien Fields, Stowe, Fotografie

dort aus einer Pyramide[55] seine verborgene Weisheit geholt habe, will ich weder bejahen noch verneinen. Bei uns kennt man ihn nur unter dem Namen des *Unergründlichen*«.[56] Die Verbindung der Pyramidenform mit magischen Geheimnissen schrieb sich auch aus kabbalistischen Traditionen her. Mit Agrippa von Nettesheim »De occulta philosophia« (1510) wurden die 22 Buchstaben des hebräischen Alphabets, die sowohl Buchstaben wie Zahlen ausdrücken, dazu benutzt, zwei verschiedene »arcana« in Pyramidenform anzuordnen: das sogenannte große »arcanum« mit den 22 Buchstaben und das kleine mit den Zahlen 1 bis 9. Casanova etwa kannte diese kabbalistische Technik.[57]

Die Einweihung des Sethos in die Mysterien der Isis mit der Vier-Elementen-Probe habe, so suggerierte es der Sethos-Roman, in unterirdischen Kellern unter der Cheops-Pyramide stattgefunden, die den Eingang zu den Geheimnissen darstellte.

Solche »ägyptologischen« Deutungen waren etwa dem Prinzen von Wales und dem Lord Cobham in Stowe auch durch William Warburton, dem späteren Bischof von Glocester, geläufig. Dieser war ab 1738 der Hofprediger Fredericks und dem Freundeskreis um den Prinzen schon länger verbunden. Warburton hatte genau in dem zeitlichen Umfeld als Cobham seinen Temple of the British Worthies entwerfen und bauen ließ, in seinem Werk »The Devine Legation of Moses demonstrated« (1737 ff.), das 6. Buch von Vergils Aeneis, das Aeneas' Eindringen in die Unterwelt zum Gegenstand hat, als Einführung in die eleusinischen Mysterien interpretiert. An der Stelle, an der er die eleusinischen Mysterien besprach, die er freilich von den ägyptischen Isis- und Osiris-Mysterien ableitete, deutete er das Elysium (Vers 633–901) als Mysterienlandschaft. So verwies Warburton darauf, dass Vergil seinen Helden Aeneas in die kleinen und die größeren eleusinischen Mysterien einweihen ließ.[58]

In dem »Wiener Journal für Freymäurer«, das von Ignaz Born, dem Meister vom Stuhl der Wiener Loge »Zur wahren Eintracht«, als wissenschaftliche Publikation geführt wurde, sah Born in seinem grundlegenden Aufsatz »Ueber die Mysterien der Aegyptier« die Astronomie und Geometrie verbunden mit den schönen Künsten als einen der Schaffensbereiche der ägyptischen Isis-Priester an.[59]

Die Mysterienzeremonien der Isis-Priester stellten nach Born eine Verschmelzung des Gottesdienstes mit der Naturerkenntnis und Aufklärung dar. Die Mysterien seien eine »anschauliche Vereinigung der Gottheit und der Natur«. Über den Tod und die Mysterien des Sterbens heißt es: »Die Erinnerung an den Tod ward den Eingeweihten tief eingeprägt und die Unsterblichkeit der Seele in den Mysterien Aegyptens erkläret, von welchen sie in die Mysterien alter Völker überpflanzet wurde. Das Todtengerippe, das sie am Ende ihrer Gastmahlen herumtrugen, das jährliche Trauerfest um den von Typho ermordeten Osiris und dessen Wiederauffindung (24: Plutarchus Iside ...) lassen uns dieß bey dem tieffsten Stillschweigen der Aegyptier über alles, was in ihre

Mysterien vorgieng, wahrnehmen; noch überzeugender aber ist das Gebet, welches der Priester am Sterbebette an den Osiris richtete; ‚Du Ewiger, rief er aus, der du unter der Gestalt der Sonne alles beherrschst! Ihr Götter! die ihr das Leben gebet und wiederum zurückfordert, nehmt mich hin, und bringt mich in die Gesellschaft der Auserwählten'.«

Schließlich erklärte Ignaz von Born auch seine Sicht auf die ägyptische Vorstellung der Seelenwanderung. Die Seele der größten Könige und würdigsten Männer würden nach dem Tode in die Gestirne übergesetzt werden, die Seelen der Menschen nach Verdienst in die Körper guter oder böser Tiere wandern. Born sah in den Mysterien der Ägypter eine moderne Naturwissenschaft – die Astronomie im Besonderen führe sich auf sie zurück –, ja die Isis sei nichts anderes als das Sinnbild der Natur überhaupt: »Unter den philosophischen Wissenschaften, die in den Mysterien gelehrt wurden, behauptete die Naturkunde den ersten Platz, so wie das Bild der *Isis* oder der *Natur* den ersten nach jenem des Osiris einnahm.«[60]

PYRAMIDEN – WIEDERAUFNAHMEN EINES ERHABENEN MOTIVS

Seit etwa Mitte des 18. Jahrhunderts war es in Europa ausgesprochen populär geworden, in ambitionierten Gartenanlagen – wie Monceau, Maupertuis, Désert de Retz (bei Paris), Stowe, Rousham, Nostell Priory (Yorkshire), Cobham Park (Kent), Gotha, Wilhelmsbad, Kassel-Wilhelmshöhe, Hohenzieritz, Machern, Garzau, Potsdam, Dessau, Gotha oder eben Hohenheim – neben chinesische, türkische, römische, griechische, keltische, germanische, otahitische oder gotische Staffagebauten auch ägyptische Pyramiden aufzustellen.[61]

Anregungen, steinerne Pyramiden in Gärten errichten zu lassen, waren den Gartendilettanten schon aus den Schriften Plinius' des Jüngeren geläufig.[62] Die Eroberung Ägyptens durch Augustus im Jahre 30 v. Chr. hatte zu einer umfangreichen Rezeption ägyptischer Bauten geführt. Von den in Rom errichteten Grabpyramiden wurde die eine unweit des Vatikans infolge urbaner Planungen im 15. Jahrhundert zerstört, sodass nur die Cestius-Pyramide[63] am Paulstor überdauerte[64], die für die Grand-Tour-Reisenden zum obligatorischen Besuchsprogramm gehörte.

Zwar gab es bereits um 1300 mit den frei stehenden Gelehrten- bzw. Juristen-Grabmälern in Bologna eine Wiederaufnahme des Pyramidenmotivs, doch bewirkte diese zunächst keine eigene Traditionsbildung. Erst die erneute Wahrnehmung der antiken Überreste seit der Renaissance führte zusammen mit den genannten genealogischen Konzepten und Figurationen zu einem neuartigen Rezeptionsschub.[65] Korkmodelle der Cestius-Pyramide, von Antonio Chichi oder Agostino Rosa gefertigt, gehörten neben Modellen des Pantheon oder des Poseidon-Tempels von Paestum zu den gefragten Souvenirs, die man aus Italien mitbrachte und in den fürstlichen Sammlungen präsentierte.⁶⁶

Die Tradition, sich auf die Ägypter als direkte Vorfahren zu beziehen, reicht in Deutschland mindestens bis ins frühe 17. Jahrhundert zurück, als unter der Federführung der askanischen und sächsisch-ernestinischen Fürsten die Fruchtbringende Gesellschaft, die erste deutsche Akademie nach dem Vorbild der Florentinischen Academia della Crusca, gegründet wurde. Gemeinsam mit verbündeten, meist protestantischen Fürsten, Adligen, dann auch berühmten Dichtern und Gelehrten bürgerlicher Herkunft, gelang es den Askaniern und Ernestinern in den nächsten 60 Jahren, ihre kleinen Höfe zu Oasen der Kultur, Dichtung, Bildung und Pädagogik des vom Dreißigjährigen Krieg verwüsteten Landes zu machen. Es ging ihnen nicht zuletzt darum, die über Jahrhunderte eingebüßten oder labil gewordenen politischen Machtpositionen durch beispielgebendes und zukunftsweisendes kulturelles und patriotisches Engage-

Abb. 6:
Bartolomeo Pinelli: Nächtliche Bestattung an der Cestiuspyramide (Ausschnitt). Feder in Schwarzgrau, Pinsel in Braun und Grau. Weimar, Graphische Sammlung

ment wettzumachen. Das betraf nicht nur die Spracharbeit, der Palmorden bzw. die Fruchtbringende Gesellschaft verstand sich als eine Art Akademie, die durchaus einige Züge eines Ordens bzw. einer Geheimgesellschaft trug.[67] Philipp von Zesen stellte 1643 die von ihm in Hamburg gegründete Deutschgesinnte Genossenschaft, eine weitere berühmte »Sprachgesellschaft«, mit den altägyptischen Priestergemeinschaften und den naturforschenden Gesellschaften der Gegenwart in eine Reihe.[68]

Ein Mitglied der Fruchtbringenden Gesellschaft, Otto Friedrich von der Groeben, ein bedeutender Kenner des Heiligen Landes, Ägyptens, der Peloponnes und Afrikas, schilderte in seinen Romanen und illustrierten Reisebeschreibungen auch die Pyramiden.

Dass sich die trigonale Seitenansicht der Pyramide als einem Bauwerk höchster Dignität dem graphischen Bild genealogischer Ableitungen nachdrücklich empfahl, zeigte etwa das Blatt zum Gedenken an das zweite Oberhaupt der Fruchtbringenden Gesellschaft, Wilhelm IV. von Sachsen-Weimar. Hier erscheint eine »Egyptische Grabsäule oder Pyramide«[69] in die berühmten italienischen Gärten von Weimar hineinkomponiert.

Die Pyramide präsentierte die »glorwürdigsten und weltberühmten Ahnen und Vorfahren« des Hauses Sachsen-Weimar. Die vier vor dem Bau stehenden Schäfer zeigen huldigende Mitglieder der Fruchtbringenden Gesellschaft. Zu seinen Ahnen durfte Wilhelm neben den anhaltischen Fürsten die Württemberger, Brandenburger, Mecklenburger, Bayern oder die Kurfürsten von Sachsen zählen. Noch 1757 gestaltete Johann Christoph Oertlein auf seinem »Stammtuch mit Allianz-Wappen des Sachsen-Weimarischen und Braunschweig-Wolfenbüttelschen Hauses« eine Pyramide und einen Stamm- bzw. Wappenbaum vor die Stadtbilder von Weimar und Wolfenbüttel, um die alte genealogische Verbindung der beiden Fürstengeschlechter zu verdeutlichen. Der Pyramide wurde die Inschrift, der pyramidalen Form angepasst, »eingemeißelt«:

-- GUELVUS respon
Sant Fata rogata:
FLORESCENT
RAMI
VALEANT. IN. SECULA
CRESCENT
FLORES. SAXONICU
VIVAQUE. PAX. VI CEAT

Die Aufschrift der Pyramide korrespondiert durch die verwendeten Metaphern von den blühenden, in den Jahrhunderten mächtig werdenden Zweigen der Welfen und Sachsen mit dem Stamm- und Wappenbaum auf der rechten Seite des Stammtuches.[70]

Auch die Sprachableitungen der Barockzeit (Cruciger, Schottel, Gueintz, Zesen u. a.), die in patriotischer Weise versuchten, die Würde der deutschen Sprache neben dem Hebräischen, dem Griechischen und dem Latein als der vierten Hauptsprache herauszustellen, nutzten hierzu am Stammbaum orientierte genealogische Ableitungen. Christian Gueintz versucht im Anschluss an seine Sprachgenealogie des Deutschen eine Wortetymologie, die sich politisch an die entscheidende Rolle Ludwig von Anhalt-Köthen innerhalb der Fruchtbringenden Gesellschaft anlehnt:

»Sintemal Deutsch von Tuiscone / welches wort vom Ascane herkommen / wie auch Ascanien / davon die Fürsten von Anhalt annoch ihren Titul haben: und ist dieser / welchen Noe mit seinem Weibe Araza nach der Sündflut gezeuget haben sol / hierauf in Europen und in die Lande / die man anitzo Deutschland nennet / kommen.«[71] Um zudem die Verbindung zum seit Tacitus in seiner *Germania* vorhandenen Stammvater der Deutschen Tuisco oder Mannus herzustellen, wurde nach Berossos für Noah noch ein Sohn Tuyscon erfunden, der dann mit dem Stammvater der Deutschen Tuisco identifiziert wurde.[72] Auch eine genealogische Verbindung der alten

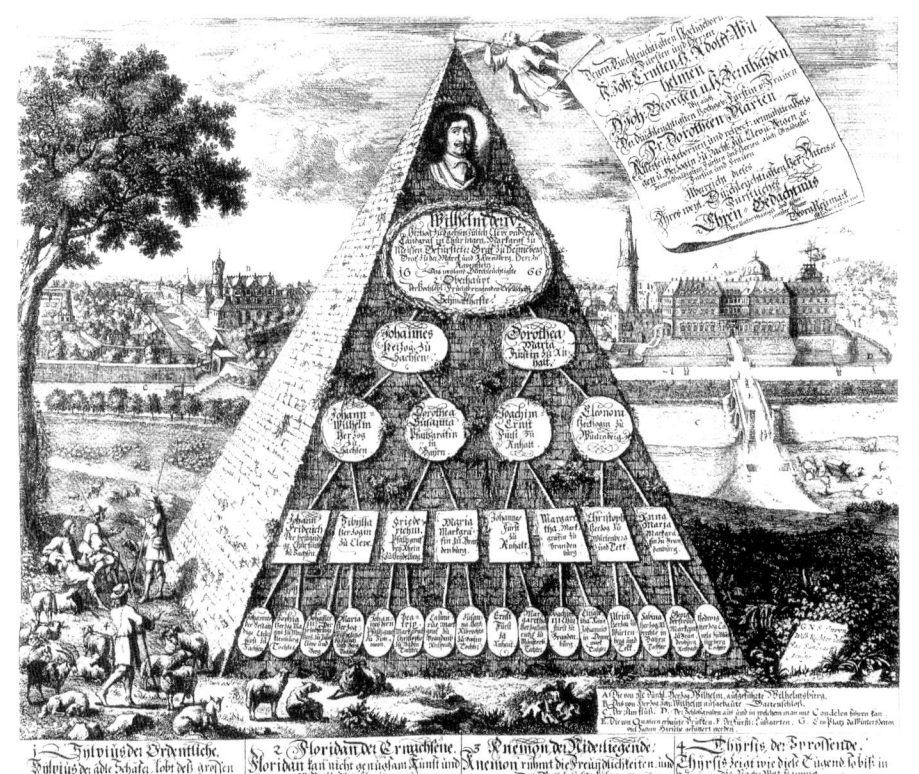

Abb. 7:
Georg Neumark: Ehrenpyramide mit Familienstammbaum zum Gedenken an Herzog Wilhelm IV., den Schmackhaften der Fruchtbringenden Gesellschaft, vor dem italienischen Garten in Weimar und der Wilhelmsburg und heutigen Anna-Amalia-Bibliothek (1665), Einblattdruck

Briten und Germanen mit den alten Ägyptern durchzieht die Historiographie als immer wiederkehrende Legende, hatte doch Tacitus die Stamm- und Erdgöttin Nerthus bzw. Freya, Hertha oder Nethalennia der Germanen in seiner »Germania« umstandslos als Isis bezeichnet: »pars Sueborum et Isidi sacrificat« (Germania IX).[73]

Dieser genealogisch-historische Hintergrund verleiht auch der Ägyptenrezeption im Landschaftsgarten des 18. Jahrhunderts ein spezifisches Gewicht.

Die Einrichtung des Cimitero acattolico im Jahr 1735 in unmittelbarer Nähe des Cestius-Grabes hatte ebenso wie die nächtlichen Bestattungen im Fackelschein gewiss zu der neuen Bezugnahme auf die Ewigkeitsform der Pyramide beigetragen.[74] Auch in Kassel-Wilhelmshöhe (1776) und im Hanauer Wilhelmsbad entstanden Nachbauten, die sich erklärtermaßen auf das römische Vorbild bezogen; weitere Pyramidenbauten folgten. Als Vermittler fungierte hier Piranesi, der den Ägyptern einen titanischen Grundcharakter, eine außerordentliche Größe der Gedanken zuerkannte, die sein graphisches Werk, wie Norbert Miller gezeigt hat, sichtbar macht.[75]

Im Prozess der »genealogischen Besetzung von Landschaft«[76] kam den ägyptisierenden Monumenten daher eine besondere Funktion zu. Die Pyramide mit ihrer geometrischen Grundform entsprach in idealer Weise der Forderung nach dem Sublimen. In der Zeit eines zunehmenden Skeptizismus und Rationalismus und des schleichenden Bedeutungsverlustes der Kirchen brach sich das Bedürfnis nach dem Erhabenen und der Würde des Sakralen auf eine neue Weise Bahn: Es wurde mit der Natur verbunden, und zwar mit einer neu gesehenen Natur. Pyramiden signalisierten Kontinuität und wurden daher bevorzugt für die Visualisierung von Tatbeständen und Prozessen einer langen Dauer herangezogen.

Während sich die Memorialrituale im profanen und sakralen Raum einander lange Zeit ergänzt hatten, vollzog sich im aufgeklärten 18. Jahrhundert ein grundlegender Wandel. In den protestantischen Ländern wurde nun Ernst gemacht mit jener Trennung von Kirchenraum bzw. Kirchhof und Grabstätte, die bereits Martin Luther als Konsequenz der Abwendung von Heiligenreliquien als Mittler zu Gott gefordert hatte.[77] Auch wenn es keinen Grund mehr gab, an der Bestattungspraxis in Kirchen und auf den alten Kirchhöfen festzuhalten, so wurde die althergebrachte Praxis doch noch lange fortgeführt. Zwar hatte es schon im späten 17. Jahrhundert im protestantischen Bereich jenseits der Alpen erste prominente Bestattungen in der »Natur«, genauer gesagt, in Gärten gegeben[78], so bedurfte die neue Form der Gartengräber in der Regel doch einer besonderen Legitimierung, die über die bloße Lage des Ortes allein hinausging.[79]

Die Würdeform der Erinnerungsmonumente spielte daher eine besondere Rolle. Aus dem Kontrast zwischen dem lebendigen Natur-Material des Gartens und der Ewigkeitsform der Pyramide erwuchs zudem eine besondere Spannung.

Die monumentalen Gartengräber wurden überwiegend von ambitionierten Adligen errichtet, die sich mit ihren Anlagen in den europaweit geführten Gartendiskurs einbrachten, und die – auch dies eine Besonderheit – vielfach keine eigenen Kinder besaßen. Das Medium Landschaftsgarten bot sich mit seinen Möglichkeiten zur Umsetzung von Erinnerungskonzepten in diesen Fällen zur Sicherung der Memoria geradezu an. Angesichts des Abbrechens der genealogischen Linie schien die bewährte Ewigkeitsform der Pyramide ein Überdauern am nachhaltigsten zu sichern.

So ließ der Erbprinz Wilhelm IX von Hessen-Kassel 1784 auf der Pfaueninsel des Hanauer Wilhelmsbades eine Pyramide nach dem Cestius-Vorbild für seinen verstorbenen Sohn errichten. Diese war mit Pyramidenpappeln umgeben, ähnlich wie bei der Begräbnisinsel für Jean Jacques Rousseau im Park von Ermenonville aus dem Jahre 1779.[80] In Hanau ermöglichten zwei gegenüberliegende, mit einem Segmentgiebel geschmückte Gittertore einen Blick in das Innere des Bauwerks. Hier stand ein dem Rousseau-Grab ähnlicher Cippus mit einer Marmorurne, die das Herz des Prinzen enthielt.

In der 1779 bereits fertiggestellten Grabpyramide des Oberhofmarschalls Hans Adam von Studnitz in seinem Garten in Gotha ist die Hanauer Lösung gewissermaßen vorweggenommen. Studnitz war Freimaurer und stand dem berühmten Gothaischen Hoftheater[81] vor, das zur Keimzelle der Gothaer Loge wurde. Der Garten, in dem er sein Grabmonument errichtete, war ihm 1770 vom Herzog Friedrich geschenkt worden.[82] In seinem Testament vom 30. Mai 1787 legte Studnitz fest, dass die Pyramide jedes Jahr zum von den Freimaurern gefeierten Johannisfest[83] am 24. Juni abends illuminiert werden solle, Geld an bedürftige Schüler und Stadtarme verteilt und Lieder von einem Schülerchor gesungen werden sollten.[84]

Abb. 8:
Pyramide in Park Wilhelmsbad, Hanau (1784), Fotografie

Abb. 9:
Grabpyramide im ehemaligen Studnitzschen Garten in Gotha (vor 1779), Fotografie

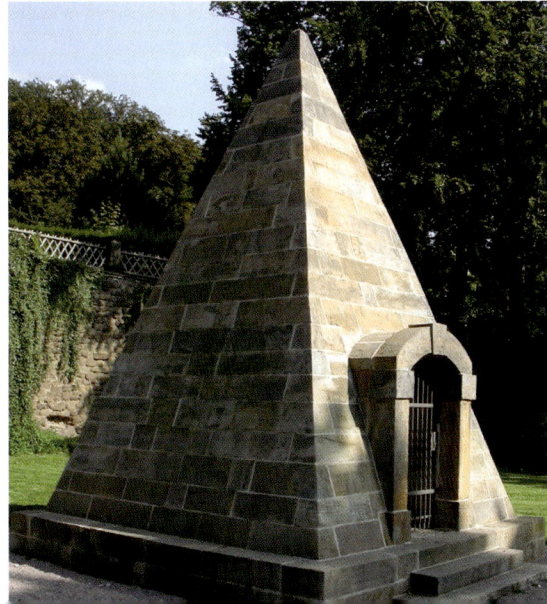

Nur wenige Jahre später, 1792, ließ sich Carl Heinrich August Graf von Lindenau in seinem Park zu Machern durch Ephraim Wolfgang Glasewald ein Familienmausoleum in Pyramidenform errichten.[85] Den Park hatte Lindenau, der mit Goethe zusammen in Leipzig studiert und wie dieser Zeichenunterricht bei Adam Friedrich Oeser genommen hatte, zusammen mit seiner Frau Luise Henriette, geb. von Arnim, mit großem Aufwand umgestaltet. Auffallend ist hier einerseits das Bemühen um exotische Pflanzen und Bäume und andererseits ein dem Mittelalter gewidmetes Erinnerungsprogramm mit Bauten wie der Ritterburg, einer gotischen Brücke und künstlichen, aber auch authentischen mittelalterlichen und frühgeschichtlichen Monumenten.

Abb. 10: Machern, Gartenplan mit Pyramide (1796), Kupferstich

Das Problem des Pyramideneingangs wurde hier ähnlich wie in Hanau mit einem antikisierenden Portikus gelöst. Durch diesen betrat man den Hauptraum der Pyramide, einen gewölbten Saal, der an den Seitenwänden Nischen enthielt. In diese Nischen dieses Kolumbariums hatte Lindenau eigens angefertigte Wedgewood-Urnen mit den Namen seiner Ahnen einstellen lassen. Der für das gräfliche Paar vorgesehene Gruftraum lag tiefer und war nur durch einen schlichteren Eingang von der Rückseite des Baues her zu erreichen. Im Hauptsaal aber pflegte der Graf im Angesicht aller Vorfahren zu tafeln – damit die Überlieferung antiker Ahnenverehrung aufgreifend. Ein Parkführer aus dem Jahr 1798 beschreibt diese Praxis: »In diesem Tempel der Erinnerung seiner Entschlafenen pflegte der Graf mit seiner Familie zu speisen. Hier feyert er seine Familienfeste. Hier, wo alles um ihn herum an den Tod erinnert, freut er sich mit seinen Freunden, umringt von den Urnen seiner Väter. Hier ertönt der Klang der Pokale im Gewölbe der Toten. Hier, wo der Tod winkt, lächelt das Leben.«[86]

Abb. 11: Pyramide im Park zu Machern (1792), Fotografie

Die Pyramide wurde damit zu einem genealogischen Monument, das umso größere Bedeutung besaß, da das Ehepaar Lindenau kinderlos geblieben war und das seit dem 12. Jahrhundert bestehende Adelsgeschlecht in dieser Linie damit ausstarb.[87] Da Lindenau den alten Familienbesitz 1802 verkaufte und dafür das Gut Glienicke bei Berlin erwarb, wurde die Macherner Pyramide nicht als Grablege genutzt.[88]

Das gilt in ähnlicher Weise für den kinderlosen Prinzen Heinrich von Preußen, der wie sein Bruder König Friedrich II. ein Gartengrab plante. Anders als dieser ließ er sich 1801/02, unmittelbar vor seinem Tod, eine Pyramide mit abgestumpftem Kegel errichten. Diese Begräbnispyramide war das dritte derartige Projekt des Prinzen im Rheinsberger Garten. Zuvor hatte er bereits ein Vergil-Grab und eine weitere kleinere Pyramide bauen lassen (1771, 1790).[89] Die von ihm selbst verfasste Inschrift war insofern genealogisch ausgerichtet, als er seine Position als Prinz von königlichem Geblüt betonte und die Familienbeziehungen der Hohenzollern zum englischen Königshaus deutlich herausstellte.[90] Die Aufstellung einer Sphinx als Grabwächterfigur verdeutlicht zudem einen insbesondere über freimaurerisches Gedankengut vermittelten Ägyptenbezug, wie er zuvor auch im französischen Park Monceau umgesetzt wurde.

Abb. 12: Rheinsberg, Grabpyramide des Prinzen Heinrich von Preußen (1802), Fotografie

Diese bereits im Jahre 1779 entstandene Pyramide im Bois de Tombeaux des Duc de Chartres diente nicht als Grabstätte, sondern als Versammlungsraum. Der Bau enthielt eine aufwendig gestaltete Kammer mit vier Räucherpfannen in den Ecken und einer Brunnenfigur der Leben spendenden Natur, aus deren Brüsten Wasser in eine Schale floss. Der Besitzer der Anlage, der spätere Duc d'Orleans, war Großmeister einer Freimaurerloge; eine Nutzung der Kammer im Sinne freimaurerischer Initiationsrituale erscheint daher naheliegend. Auch hier bildete die Isis-Naturgöttin das naturmystische Zentrum jenes Gedankenkomplexes von Zeugung, Tod und Wiedergeburt, der mit der Transformation ägyptisch-römischer Formen verbunden wurde.

Im frühen 19. Jahrhundert, als die germanische und slawische Ur- und Vorgeschichtsforschung ihren großen Aufschwung erfuhr, wurden gelegentlich die Grabhügel und Tempel der Ureinwohner der ostelbischen Gebiete als Pyramiden bezeichnet. Der Arzt Friedrich August Wagner, der zu den Pionieren der archäologischen Forschung im Gebiet der mittlere Elbe gehört, setzte die Ausgrabungen in Beziehung zum klassischen Bildungsgut und den Denkmälern der Antike. Sein 1828 erschienenes Werk trägt den Titel »Die Tempel und Pyramiden der Urbewohner auf dem rechten Elbufer unweit dem Ausfluss der schwarzen Elster« (Leipzig 1828).[91] Denkbarerweise hatte Fürst Pückler, der legendenhaft seine Familie von den Nibelungen,[92] aber auch den Slawen herleiten wollte,[93] diese Interpretation der heidnischen Grab- und Heiligtümer für die Gestaltung seiner Graspyramiden in seinem Branitzer Park, die er zu seiner Grabstätte einrichtete vor Augen. So konnte er die genealogische Konstruktion von ägyptischer und vorgeschichtlicher Begräbniskultur mit seiner auf Reisen erworbenen Orienterfahrung verschmelzen.

Zusammenfassend lässt sich konstatieren, dass im Erinnerungskult des frühen Landschaftsgartens genealogisches Denken und eine Wiederaufnahme ägyptischer und antiker Natur- und Mysterienkulte zu einer neuen Nutzung der Pyramide als Bauform führten.

Wenn es noch eines Beweises für die Wirkmacht dieses Sinnzusammenhanges im späten 18. Jahrhundert bedarf, dann offenbart sie Antonio Canovas Mausoleum für die Erzherzogin Maria Christina von Sachsen-Teschen, eine Tochter Maria Theresias, in der Augustinerkirche zu Wien.[94] Die in den Jahren 1798 bis 1805 entstandene Anlage zeigt, dass die großformatige Grabpyramide dauerhaft nun auch in den katholischen Kirchenraum integriert werden konnte:

Noch 1803 hatte Canova bei Pietro Nobile Zeichnungen nach seinem Entwurf eines Gartentempels im Wiener Augarten bestellt.[95] An diesem Lieblingsaufenthaltsort der Verstorbenen sollte das Grabmonument Aufstellung finden; Erzherzog Albert bestand jedoch auf einer Bestattung »ad sanctos«. In die Pyramide einzugehen, bedeutete gleichwohl – unabhängig von christlichen Auferstehungshoffnungen – über die personifizierten Tugenden präsent zu bleiben. Das – kinderlose – Herzogspaar von Sachsen-Teschen hatte am 21. April 1795 den Hohenheimer Garten besucht und war »äußerst charmiert über die allenthalben herrschende propreté«[96]; die Pyramide wird dabei einen besonderen Eindruck hinterlassen haben.

Die Ewigkeitsform der Pyramide, so zeigen es auch spätere Grabbauten wie die des Fürsten Pückler[97], vermochte den komplexen Zusammenhang von Tod und Memoria unter der Maßgabe des Naturkreislaufs besonders überzeugend zu vermitteln. Die Pyramide hatte sich als symbolische Form wie als gebautes Monument zur Visualisierung derartiger Zusammenhänge vielfach bewährt, vermochte sie doch, wie keine andere, Festigkeit zu vermitteln und ein Überdauern langfristig zu sichern.

Abb. 13:
Antonio Canova:
Christinen-Denkmal,
Augustinerkirche
Wien, (1798–1805)

Erstdruck in:
Pegasus. Berliner Beiträge zum Nachleben der Antike. (Census of Antique Works of Art and Architecture Known in the Renaissance, hrsg. von Horst Bredekamp und Arnold Nesselrath).
Heft 7 2005, S. 133-161.

1   G[ottlob]. H[einrich]. Rapp: Beschreibung des Gartens in Hohenheim (Zweite Fortsetzung), in: Taschenkalender für Natur- und Gartenfreunde auf das Jahr 1797. Mit Abbildungen von Hohenheim. (Tübingen), S. 64. Rapps Gartenbeschreibung erschien in fünf Jahrgängen des »Taschenkalenders [...]« von 1795–1799. Vgl. auch die Nachweise bei: Elisabeth Nau: Hohenheim. Schloß und Garten. Mit einem Beitrag von Claudius Coulin, 2. Aufl., Sigmaringen 1978, hier S. 28.
2   G[ottlob]. H[einrich]. Rapp: Beschreibung des Gartens in Hohenheim, in: Taschenkalender [...] auf das Jahr 1795, (Tübingen), S. 56.
3   Anders als Marie Antoinettes Hameau im Trianon-Park zu Versailles sollte das Hohenheimer Dörfchen als Wiederbesiedelung einer von der Natur zurückeroberten geschichts- und bedeutungsträchtigen Stätte erscheinen. S. dazu auch Christian Cay Laurenz Hirschfelds Bericht über Hohenheim in seiner Theorie der Gartenkunst, Bd. 5, Leipzig 1785, S. 350–355; Rapp 1795 (Anm. 2), S. 62; Rapp 1797 (Anm. 1), S. 68ff.; Nau 1978 (Anm. 1), S. 7, 15f., 29f., 41, 45ff.., 53, 72, 73.
4   Vgl. Nau 1978 (Anm. 1), S. 7.
5   Zum Begriff der Erinnerungslandschaft vgl. z. B. Monique Mosser, Philippe Nys in: Le Jardin, art et lieu de mémoire. Besançon 1995, Rückseite; Aleida Assmann: Erinnerungsräume. Formen und Wandlungen des kulturellen Gedächtnisses, München 1999, S. 298-339; Der imaginierte Garten, hg. von Günther Oesterle, Harald Tausch (Formen der Erinnerung Bd. 9), Göttingen 2001; Wolfram Martini: Roma aeterna. Zur Einführung; Perspektive und retrospektive Erinnerung. Das Pantheon Hadrians in Rom, in: Architektur der Erinnerung, hg. von Wolfram Martini, Göttingen 2000, S. 15–44; Günther Oesterle, Harald Tausch: Der Garten. Garten und Erinnerungsraum, in: ebd., S. 105–107. Gehäuse der Mnemosyne. Architektur als Schriftform der Erinnerung (Formen der Erinnerung 19), hg. von Harald Tausch, Göttingen 2003.
6   Charles Joseph de Ligne: Der Garten zu Beloeil nebst einer kritischen Uebersicht der meisten Gärten Europens. Aus dem Franz. (...) von W. G. Becker. Dresden 1799, Bd. 2, S. 152.
7   Ebd., S. 154.
8   Nach Rapp soll es einem in Rom befindlichen antiken Grabmal gleichen, »das die Antiquare mit dem Namen des Nero belegt haben«. Rapp 1795 (Anm. 2), S. 73–75; hier S. 74.
9   Ebd., 57.
10 Ebd., S. 79, Rapp 1797 (Anm. 1), S. 81.
11 G[ottlob]. H[einrich]. Rapp: Beschreibung des Gartens in Hohenheim, in: Taschenkalender [...] auf das Jahr 1796, S. 63–64. Vgl. Veduta della Piramide di Caio Cestio, situata sopra l'antica Via Ostiense, oggi detta di S. Paolo. Piranesi: Le Antichità Romane I, in: Luici Ficacci: Piranesi. The Complete Etchings, Köln (u. a.) 2000, S. 176, sowie Vedute di Roma, ebd., S. 713.
12 Rapp 1797 (Anm. 1), S. 67f.
13 Ebd., S. 70: »in der inneren Einrichtung eine Nachahmung des unterirdischen Gefängnißes, das bei St. Pedro in cacere zu Rom noch gezeigt und verehrt wird; jenes berühmten Gefängnißes, worin die Apostel Petrus und Paulus auf den Tod saßen ...«.
14 Nach Piranesis Blatt vom römischen Tempel des »Iovis tonans« gestaltet. Vgl. Veduta della Piramide di Caio Cestio, situata sopra l'antica Via Ostiense, oggi detta di S. Paolo. Piranesi: Le Antichità Romane I, in: Luici Ficacci: Piranesi. The Complete Etchings. Köln (u. a.) 2000, S. 202; G[ottlob]. H[einrich]. Rapp: Beschreibung des Gartens in Hohenheim, in: Taschenkalender [...] auf das Jahr 1798, S.102 f.
15 Rapp 1798 (Anm. 14), S.111 f.
16 Ebd., S. 116–118.
17 Rapp 1795 (Anm. 2), S. 76–79.
18 Rapp 1796 (Anm. 11), S. 64. Vgl. Veduta della Piramide di Caio Cestio, situata sopra l'antica Via Ostiense, oggi detta di S. Paolo. Piranesi: Le Antichità Romane III, in: Luici Ficacci: Piranesi. The Complete Etchings, Köln (u. a.) 2000, S. 276, vgl. auch S. 692, 716.
19 Rapp 1797 (Anm. 1), S. 63–66. Zur Ägyptenrezeption in der bildenden Kunst s. Dirk Syndram: Ägypten-Faszinationen. Untersuchungen zum Ägyptenbild im europäischen Klassizismus bis 1800, Frankfurt am Main 1990.
20 G[ottlob]. H[einrich]. Rapp: Beschreibung des Gartens in Hohenheim, in: Taschenkalender [...] auf das Jahr 1799, S. 72. – Möglicherweise handelte es sich auch um Obelisken, die ebenfalls häufig als Pyramiden bezeichnet wurden.
21 G. H. Rapp, der Autor der Beschreibung, war zudem ein von Schiller und Goethe geschätzter Kunstkenner und Kaufmann, mit dem sie gerade Mitte der 1790er-Jahre intensiver über Württembergische Kunst im Gespräch waren. Vgl. z.B. Goethes Werke. Weimarer Ausgabe, Weimar 1887–1919, 3. Abteilung: Tagebücher, Bd. 35, S. 73, 109, 124, 126. Schiller war im März 1794, während seines Aufenthaltes in Stuttgart in Begleitung von Rapp und dem Hofbildhauern Dannecker durch die Hohenheimer Anlagen spaziert. Seine Elegie »Der Spaziergang« kündet davon. Vgl. Schillers Sämtliche Werke. Berliner Ausgabe. Bd. 1, Berlin und Weimar 1980, S. 691. Cotta, bei dem auch Schillers »Musenalmanach« erschien, hatte zudem dm Dichter am 15. 9. 1794 ein Exemplar des »Gartenkalender« mit der Bitte um eine Rezension zugeschickt.
22 Vgl. auch: Ute Klostermann, Günther Oesterle, Harald Tausch: »Vom sentimentalen zum sentimentalischen Dörfle«. Der Garten von Hohenheim als Modell divergierender Erinnerungskonzepte bei Hirschfeld, Rapp und Schiller, in: Architektur der Erinnerung 2000 (Anm. 5), S. 129–158; Elisabeth Szymczyk-Eggert: Das Dörfle war nicht englisch oder das

22 Mißverständis von Hohenheim, in. Gärten der Goethezeit, hg. von Harri Günther, Leipzig 1993, S. 161–167.
23 Friedrich Schiller: Über den Gartenkalender auf das Jahr 1795, in: Schillers Werke. Nationalausgabe. Bd. 22, Weimar 1958, S. 285-292, hier S. 290. Weiter heißt es: Die »Denkmäler versunkener Pracht, an deren traurende Wände der Pflanzer seine friedliche Hütte lehnt«, lassen Besucher mit »geheimer Freude« erleben, »wie wir uns in diesen zerfallenden Ruinen an der Kunst gerächt, die in dem Prachtgebäude nebenan [dem Schloss] ihre Gewalt über uns bis zum Missbrauch getrieben hatte«, ebd., S. 292.
24 Vgl. Friedrich Schiller: Über die tragische Kunst, in: Schillers Werke. Nationalausgabe, Bd. 20, Weimar 1962, S. 157, Bd. 21, Weimar 1963, S. 176; Schiller: Über naive und sentimentalische Dichtung, in: ebd., Bd. 20, S. 435, 437, 439 u. ö.
25 Vgl. auch Stefan Groß: Schiller und die Gartenkunst, in: Tabula Rasa. Jenenser Zeitschrift für kritisches Denken, 12. Jg. (2002): http://www2.uni-jena.de/philosophie/phil/tr/20/gross2.
26 Rapp 1795 (Anm. 29), S. 57. Der Herzog verließ programmatisch das prächtigere Ludwigsburg und zog nach Stuttgart und Hohenheim um.
27 Vgl. Nau 1978 (Anm. 1), S. 15.
28 Rapp 1797 (Anm. 1), S. 84 f.
29 Friedrich Schiller: Über den Gartenkalender auf das Jahr 1795, S. 291.
30 Vgl. Nau 1978 (Anm. 1), S. 125.
31 Die Kinder Karl Eugens und Franziska von Hohenheims waren aber nicht erbberechtigt, d. h. für die Dynastie genealogisch nicht relevant. Nach dem Tod des Herzogs 1793 übernahm sein jüngerer Bruder die Herrschaft.
32 Rapp verweist auf Denkmäler oder Spolien wie etwa auf Eberhard I. von Württemberg, oder den Meiereiflügel, in dem der Herzog wohnte, er war überwiegend mit Porträts der Württembergischen Familie verziert. Vgl. Nau 1978 (Anm. 1), S. 30.
33 Rapp 1796 (Anm. 11), S. 66. Das Inventar der 477 Bände umfassenden Bibliothek Franziskas aus dem Jahr von 1792/93 enthält ausschließlich Werke württembergischer Gelehrter und Dichter, bezeichnenderweise aber kein Werk Schillers, dafür hingegen alle Werke Schubarts, der ja einstmals so unter seinem Herzog gelitten hatte. Vgl. Nau 1978 (Anm. 1), S. 100.
34 Rapp 1797 (Anm. 1), S. 71.
35 Rapp 1795 (Anm. 2), S. 56.
36 Rapp 1798 (Anm. 14), S. 108, 114; Rapp 1799 (Anm. 20), S. 67 f.
37 Tagbuch der Gräfin Franziska von Hohenheim späteren Herzogin von Württemberg., hg. von A. Osterberg. (1913), Faksimile-Ausgabe mit einem Vorwort von Peter Lahnstein, Reutlingen 1981, S. 150 f.
38 Rapp 1799 (Anm. 20), S. 59; auch: Titelkupfer.
39 Karl Eugen ließ 1790 von Professor Nast, an der Hohen Karlsschule Ordinarius für Alte Geschichte, am Römischen Bogen lateinische Inschriften entwerfen, die sich auf den Aufstieg und Niedergang Roms bezogen und auf historischen Ereignissen fußten; so erfolgte die Aufzählung der sieben Hügel Roms in der Reihenfolge ihrer Bebauung. Vgl. Nau 1978 (Anm. 1), S. 105.
40 Rapp 1798 (Anm. 14), S. 106.
41 Rapp 1799 (Anm. 20), S. 61.
42 Vgl. Michael Niedermeier: »Wir waren vor den Hohenzollern da«. Zur politischen Ikonographie des frühen Landschaftsgartens: mit einem Seitenblick auf Fontanes Roman »Vor dem Sturm«, in: Gehäuse der Mnemosyne 2003 (Anm. 5), S. 171–207; ders.: »Die ganze Erde wird zu einem Garten«: Gedächtniskonstruktionen im frühen deutschen Landschaftsgarten zwischen Aufklärung und Geheimnis, in: Weimar. Archäologie eines Ortes, im Auftrage der Stiftung Weimarer Klassik hg. von Georg Bollenbeck u.a., Weimar/Köln 2001, S. 120–175.
43 Zum Hintergrund der Herkunfts- und Abstammungsmythen vgl. Frantiäek Graus: Die Herrschersagen des Mittelalters als Geschichtsquelle, in: Archiv für Kulturgeschichte 51 (1969), S. 65–93. Ders.: Lebendige Vergangenheit. Überlieferung im Mittelalter in den Vorstellungen vom Mittelalter, Köln und Wien 1975, bes. S. 206 ff.; Jörn Garber: Trojaner-Römer-Franken-Deutsche. »Nationale« Abstammungstheorien im Vorfeld der Nationalstaatsbildung, in: Nation und Literatur im Europa der Frühen Neuzeit, hg. von Klaus Garber. Tübingen 1989, S. 108-163; Beate Kellner: Ursprung und Kontinuität. Studien zum genealogischen Wissen im Mittelalter, Göttingen 2004, S. 231–296.
44 Erwin Panofsky: Grabplastik. Vier Vorlesungen über ihren Bedeutungswandel von alt-Ägypten bis Bernini, hg. von Horst W. Janson mit einer Vorbemerkung von Martin Warnke, Neuauflage Köln 1993, S. 77.
45 z. B. die Arae Philenorum, die als Grabstätten den Fall Carthagos überdauerten und die patriotischen Taten der Philaeni-Brüder künden, s. Arthur Henkel, Albrecht Schöne: Emblemata. Handbuch zur Sinnbildkunst des XVI. und XVII. Jahrhunderts, Stuttgart 1996, S. 1199 f. Auch der Obelisk gilt hier stets als Bild der Festigkeit und Standhaftigkeit; ebd. S. 1222–1224.
46 Vgl. z. B. Das Capriccio als Kunstprinzip, hg. von Ekkehard Mai, Mailand 1996, insbesondere die Beiträge von Michael Kiene, Werner Busch und Norbert Miller, S. 83-94; 95-102; 141-156.; Vgl. auch Holger Wenzel: Sinnbild, Grab und Weihestätte – Pyramiden in Deutschland, in: Pückler-Pyramiden-Panorama. Neue Beiträge zur Pücklerforschung, hg. von der Stiftung Fürst-Pückler-Museum Park und Schloß Branitz, Cottbus 1999, S. 41–53.
47 Der Weg durch die verschiedenen "loci amoeni und loci terribili" schulte und richtete die Sinne Poliphils und führte schließlich zur zeremoniellen »Heiligen Defloration« in der Liebesvereinigung auf der Insel Kythera. Vgl. Roswitha Stewering: Architektur und Natur in der »Hypnerotomachia Poliphili« (Manutius 1499) und Die Zuschreibung des Werkes an Niccolo Lelio Cosmico, Hamburg 1996, S. 11–40.
48 Vgl. Alice Villon-Lechner: Sprühende Tauben und flammende Bauten. Das römische Feuerwerk als Friedensfest und Glaubenspropagandatheater, in: Die schöne Kunst der Verschwendung. Fest und Feuerwerk in der europäischen Geschichte, hg. Georg Kohler, Zürich/ München 1988. S. 17–56, hier S. 22.
49 Vgl. Annette Dorgerloh: Friedrich II. als Gartengestal-

ter. Repräsentation und historische Verortung, in: Geist und Macht. Friedrich der Große im Kontext der europäischen Kulturgeschichte, hg. von Brunhilde Wehinger, Berlin 2005, S. 225–244; Klaus Dorst: Potsdam in Arkadien. Knobelsdorffs Blick auf Sanssouci, in: »Zum Maler und zum grossen Architekten geboren«. Georg Wenzeslaus von Knobelsdorff, Ausstellungskatalog, SPSG Berlin-Brandenburg, Berlin 1999, S. 106–118.
50 Vgl. auch George B. Clarke: Grecian Taste and Gothic Virtue: Lord Cobham's gardening programme and its iconography, in: Apollo 97, London 1973, S. 566–571.
51 Sethos. Histoire ou vie tirée des monuments anecdotes de l`Ancienne Egypte. Traduite d`un Manuscrit Grec, 2 Bde., Paris 1731 (u. ö.). Eine zweite deutsche Übersetzung (die erste: 1732/1733 war 1777/ 78 erschienen: Geschichte des egyptischen Königs Sethos. Aus dem Französischen übersetzt von Matthias Claudius, Breslau 1777, Bd. 1; 1778, Bd. 2.
52 Vgl. neuerdings: Jan Assmann: Die Zauberflöte. Oper und Mysterium, München/Wien 2005, S. 96–99.
53 Ueber die Mysterien der Aegyptier. Von J. v . B. M. v . St, in: Journal für Freymaurer, hg. von den Brüdern der Loge zur Wahren Eintracht im Orient in Wien, Wien, 1. Jg. 1784, S. 42, 44.
54 Herzog Karl Eugen (1737–1793) war im Gegensatz zur Bevölkerungsmehrheit in Württemberg katholisch gewesen. Da seine Kinder mit der Hohenheim nicht erbberechtigt waren, hoffte man auf den erbberechtigten jüngsten Bruder Friedrich Eugen (1795–97), der mit einer Nichte Friedrichs des Großen verheiratet, mit seinen acht Söhnen protestantisch war. Großes Aufsehen erregte daher die Tatsache, dass 1786 der dritte Sohn Friedrich Heinrich Eugen einen Aufsatz veröffentlichte, der die Möglichkeit der Geisterseherei verteidigte und nahe legte, dass er zum Katholizismus übertreten werde, zumal schon zwei seiner Schwestern konvertiert waren. Schiller vermutete – wie auch die Illuminaten, die unter Schillers Freunden und Bekannten in Stuttgart einen Brückenkopf besaßen –, dass von jesuitischer Seite Versuche gemacht würden, die protestantische Erbfolge in Württemberg zu hintertreiben. Vgl. Schillers Werke. Nationalausgabe, Bd. 16. Weimar 1954, S. 426 f. Vgl. weiter: Hans-Jürgen Schings: Die Brüder des Marquis Posa. Schiller und der Geheimbund der Illuminaten, Tübingen 1996, S. 23–52.
55 In verschiedenen Druckfassungen verwendete Schiller anstatt »Pyramide« »Katakombe«: ebd., S. 436.
56 Ebd., S. 74. Vgl. auch das Pyramiden-Motiv im »Das Philosophische Gespräch aus dem Geisterseher«, in ebd., S. 181, 183.
57 Vgl. Giacomo Casanova: Geschichte meines Lebens, hg. und komm. von Günter Albrecht in Zusammenarbeit mit Barbara Albrecht, 12 Bände, Leipzig und Weimar 1983–1988, Bd. 2, S. 199, 340 (u. ö.).
58 Vgl. Jan Assmann: Weisheit und Mysterium. Das Bild der Griechen von Ägypten, München 2000, S. 138–146.
59 Ueber die Mysterien der Aegyptier (Anm. 53), S. 53, die folgenden Zitate S. 54–63.
60 Ebd., S. 68f., unsere Hervorhebung. Vgl. James S. Curl: The Art and Architecture of Freemasonry. London 1991; ders: Egyptomania. The Egypt Revival as a Recurring Theme in the History of Taste, London 1994.
61 Vgl. Niedermeier 2001 (Anm. 42).
62 Vgl. etwa diese Rezeption in der Gartenkunst. In: Die Gärten. Ein Lehrgedicht in vier Gesängen. nach De Lille von C. F. T. Voigt. Doktor der Philosophie. mit Kupfern, Leipzig 1796, S. 338.
63 Vgl. etwa: Angelika Kauffmann. Ausstellungskatalog, hg. und bearb. von Bettina Baumgärtel. Ostfildern-Ruit 1998.
64 Vgl. Max Kunze: Obelisken und Pyramiden in Rom, in: Winckelmann und Ägypten. Die Wiederentdeckung der ägyptischen Kunst im 18. Jahrhundert, Ausstellungskatalog, hg. im Auftrag der Winckelmann-Gesellschaft von Max Kunze, Winckelmann-Museum Stendal, Stendal 2003, S. 35. Die in Rom entstandenen Pyramiden an den Gräberstraßen außerhalb der Stadt folgten übrigens nicht dem Vorbild der Pyramiden von Gizeh, sondern den Grabbauten der Ptolemäer von Meroe.
65 Vgl. z. B. Ägyptomanie. Europäische Ägyptenimaginationen von der Antike bis heute, hg. von Wilfried Seipel, Wien 2000; L' Égyptomanie dans l'Art Occidental, Ausstellungskatalog, hg. von Jean Marcel Humbert, Paris 1989.
66 Vgl. Uta Wallenstein: Herzog Ernst II. als Sammler von Altertümern. Die Sammlung antiker Korkmodelle von Antonio Chichi (1743–1816), in: Die Gothaer Residenz zur Zeit Herzog Ernsts II. von Sachsen-Gotha-Altenburg (1772–1804). Ausstellungskatalog Gotha 2004, S. 229–238; Rom über die Alpen tragen: Fürsten sammeln antike Architektur. Die Aschaffenburger Korkmodelle mit einem Bestandskatalog, bearb. von Werner Helmberger und Valentin Kockel Landshut/Ergolding 1993; Antike Bauten. Korkmodelle von Antonio Chichi 1777–1782 ; Katalog. Staatliche Museen Kassel, bearb. von Peter Gercke und Nina Zimmermann-Elseify, 2. veränd. Aufl. Kassel 2001.
67 Vgl. Klaus Conermann: War die Fruchtbringende Gesellschaft eine Akademie? (...) in: Sprachgesellschaften, Sozietäten, Dichtergruppen, hg. von Martin Bircher und Ferdinand van Ingen. Hamburg 1978, S. 103–130; ders.: Die Tugendliche Gesellschaft und ihr Verhältnis zur Fruchtbringenden Gesellschaft, in: Daphnis 17 (1988), bes. S. 536 ff. - Wir teilen allerdings nicht die Auffassung Ludwig Kellers, der die Spachgesellschaften mit den Freimaurerlogen gleichsetzt (Ludwig Keller: Die Großloge Zum Palmbaum und die sogenannten Sprachgesellschaften des 17. Jahrhunderts, in: Monatshefte der Comenius-Gesellschaft 16 (1907), 189-236. Vgl. Ulrich Schütte, Pyramide und Schloß. Georg Neumarks 'Ehren=Gedächtnus' auf Wilhelm IV., Den Schmackhaften, von 1666, in: Die Fruchtbringer – eine Teutschhertzige Gesellschaft, hg. von Klaus Manger, Heidelberg 2001, S. 191–208.
68 Philipp von Zesen: Das Hochdeutsche Helikonische Rosenthal (...) 1669: Vorbericht, in: Sämtliche Werke. Unter Mitwirkung von Ulrich Maché und Volker Meid, hg. von Ferdinand von Ingen, 12. Bd.,

bearb. von Klaus F. Otto, Berlin/New York 1985.
69 Vgl. Neumark: Der Neu=Sprossende Teutsche Palmbaum. Weimar 1668, S. 203, 333.
70 Goethe Nationalmuseum, Inv. Nr. KKG/00479.
71 Christian Gueintz: Deutscher Sprachlehre Entwurf, Köthen 1641. Nachdruck Hildesheim, New York 1978, S. 2. Vgl. Thorsten Roelke. Der Patriotismus der barocken Sprachgesellschaften, in: Nation und Sprache. Die Diskussion ihres Verhältnisses in Geschichte und Gegenwart, hg. von Andreas Gardt. Berlin, New York 2000, S. 139–168, hier S. 154 ff. Vgl. auch mit Bezug auf das angebliche hohe Alter und die genealogische Reinheit des Deutschen in den Sprachgesellschaften: Andreas Gardt: Geschichte der Sprachwissenschaft. Vom Mittelalter bis ins 20. Jahrhundert, Berlin, New York 1999, S. 103–119.
72 Vgl. Andreas Gardt: Sprachreflexion in Barock und Frühaufklärung, Berlin, New York 1994, S. 351.
73 Vgl. Tacitus: Germania, lateinisch/deutsch, hg. von Eugen Fehrle, 5. überarbeitete Aufl. besorgt von Richard Hünnerkopf, Heidelberg 1959, S. 52 f.; 82, 86, 89, 123 ff.; Die Germania des Tacitus. Erläutert von Rudolf Münch, Heidelberg 1937, S. 341ff.
74 Johan Beck-Friies: Der protestantische Friedhof in Rom, Malmö 1953.
75 Norbert Miller: »... e di mezzo alla tema esce il liletto". Ägyptische Träume und Alpträume bei Jean Laurent Le Geay und Giovanni Battosta Piranesi, in: Ägyptomanie 2000 (Anm. 65), S. 212–287.
76 Vgl. Frank Druffner: Genealogisches Denken in England. Familie, Stammsitz und Landschaft, in: Genealogie als Denkform in Mittelalter und Früher Neuzeit, hg. von Kilian Heck und Bernhard Jahn, Tübingen 2000, S. 145-153, S. 153.
77 Annette Dorgerloh: Ewige Ruhe im Wandel. Zum Verhältnis von Garten und Friedhof um 1800, in: Der andere Garten. Erinnern und Erfinden in Gärten von Institutionen, hg. Von Natascha Höfer und Anna Ananieva, Göttingen 2005, S. 197–221; zur Friedhofsgeschichte allgemein vgl. Barbara Happe: Die Entwicklung der deutschen Friedhöfe von der Reformation bis 1870, Tübingen 1991.
78 z. B. Johann Moritz von Nassau-Siegen 1693 in seiner antikisierenden Grabanlage im Garten zu Bergendael bei Kleve und das nicht realisierte Gartengrab König Friedrichs II. von Preußen vor dem Schloss Sanssouci , vgl. Dorgerloh 2005, S. 225–244.
79 Adrian von Buttlar: Das Grab im Garten. Zur naturreligiösen Deutung eines arkadischen Gartenmotivs, in: »Landschaft« und Landschaften im 18. Jahrhundert, hg. von Heinke Wunderlich, Heidelberg 1995, S. 79–119.
80 Dieses Inselmotiv, das immer die Vorstellung der »Insel der Seligen« mittransportiert, wurde europaweit nachgeahmt, ist aber in der Kombination mit einer Pyramide weniger häufig anzutreffen. Ein herausragendes Beispiel aber sind die Graspyramiden von Pückler in Branitz.
81 August Beck: Geschichte der Stadt Gotha, Band 2, Gotha 1870, S. 464.
82 Johann Georg August Galletti: Geschichte und Beschreibung des Herzogthums Gotha, 1. Theil. Gotha 1779, S. 222.
83 Vgl. Internationales Freimaurer-Lexikon, hg. von Eugen Lennhoff, Oskar Posner, Dieter A. Binder. – Überarb. und erw. Neuaufl. der Ausg. von 1932, München 2000, S. 437.
84 August Klebe: Gotha und die umliegende Umgebung, Gotha 1796, S. 163.
85 E.W. Glasewald: Beschreibung des Gartens zu Machern, Berlin 1799. Vgl. auch: Karin Franz: Der Macherner Garten, in: Gärten der Goethezeit, hg. von Harri Günther, Leipzig 1993, S. 187–190.
86 Ludwig Thiele: Die Spazierfahrt nach Machern, Leipzig 1798, zit. n. Thomas Topfstedt: Der Landschaftspark Machern, Leipzig 1979, S. 11 f.
87 Ein im Park errichteter Hygieia-Tempel verweist auf das Problem der Kinderlosigkeit.
88 Der Graf war zu dieser Zeit bereits in preußischen Diensten; seit 1789 bekleidete er das Amt des Königlichen Oberstallmeisters. Ähnlich liegt der Fall in Landschaftsgarten zu Garzau, dem Gut des Grafen Schmettau, der hier 1779 eine multifunktionale Stufenpyramide errichten ließ. Diese diente als Grablege, Versammlungsraum, Eiskeller und Aussichtsturm. Vgl. Dorgerloh 2003 (Anm. 88), S. 238–246.
89 Vgl. Carl Wilhelm Hennert: Beschreibung des Lustschlosses und Gartens Sr. Königl. Hoheit des Prinzen Heinrichs, Bruders des Königs, zu Reinsberg, wie auch der Stadt und der Gegend um dieselbe, Uneränd. fotomech. Nachdr. der Orig.-Ausg., Berlin 1778, hg. von der Generaldirektion der Staatl. Schlösser und Gärten Potsdam, Potsdam 1985; Michael Seiler: Das Rheinsberger Gartenreich des Prinzen Heinrich, in: Prinz Heinrich von Preußen – Ein Europäer in Rheinsberg. Ausstellungskatalog, hg. von der Generaldirektion der Stiftung Preußische Schlösser und Gärten Berlin-Brandenburg, Berlin 2002, S. 325–358.
90 Vgl. Claudia Sommer: Das Grab in der Pyramide, in: Prinz Heinrich von Preußen, (Anm. 87), S. 525–528.
91 Vgl. Ralf Gebuhr: Der Kultplatz in der Wissenschaftslandschaft. Zur Such nach der Burg »Libusua«, in: Siedlungsforschung. Archäologie – Geschichte – Geographie, hg. von Klaus Fehn u. a., Bd. 20. Bonn 2002, S. 79–92.
92 Vgl. Hermann Börsch-Supan, Siegfried Neumann und Beate Schneider: Die Ahnengalerie des Fürsten Pückler in Branitz, in: Mitteilungen der Pückler Gesellschaft, 11. Heft (N.F.), 1996, S. 4–24.
93 Hermann Fürst von Pückler-Muskau: Andeutungen über Landschaftsgärtnerei verbunden mit der Beschreibung ihrer praktischen Anwendung in Muskau, Frankfurt a. M. 1996, S. 237.
94 Vgl. Angelika Gause-Reinhold: Das Christinen-Denkmal von Antonio Canova und der Wandel in der Todesauffassung um 1800, Frankfurt am Main 1990.
95 Vgl. Selma Krasa: Antonio Canovas Denkmal der Erzherzogin Marie-Christine, in: Albertina-Studien 5/6 (1967/68), S. 85 ff.
96 Zitiert nach Nau 1978 (Anm. 1), S. 110.
97 Vgl. Jan Pieper: Semilassos letzter Weltgang. Der Totenhain des Fürsten Pückler-Muskauin Branitz, in: Daidalos 38 (1990), S. 60–79.

Martina Abri

SCHINKEL UND ÄGYPTEN

Um die Stellung Schinkels zur ägyptischen Kunst und Kultur zu beleuchten, stellt sich zunächst die Frage nach der Bedeutung Ägyptens für Europa oder nach der Rezeption Ägyptens durch Europa.

DAS BILD ÄGYPTENS IN DER RENAISSANCE BIS ZUR AUFKLÄRUNG

Die Entdeckungen von angeblichen ägyptischen Texten in der Renaissance, wie die Hieroglpyhica des Horapollon und das Corpus Hermeticum, hatten eine für die Ägyptenrezeption große Bedeutung.

Daraus resultierten in der Renaissance drei theoretische Richtungen, die sich in verschiedenen Debatten in der damaligen Zeit ausdrückten.
- Ägypten als Ursprung von Theologie und Weisheit
- Die Verehrung der Hieroglyphen als reine Begriffsschrift (obwohl man diese nicht lesen konnte und nur versuchte, sie zu deuten)
- Ägypten als Glied in einer chronologischen Kette.
  Die Zeitrechnung verschob sich. Die Renaissance gilt als das goldene Zeitalter der Ägyptophilie.

Im Jahre 1760 wurden durch Antoine Yves de Goguet und Pierre Adam d`Origny zwei wichtige kulturhistorische Untersuchungen veröffentlicht. Die historisch ausgerichteten Arbeiten belegten die kulturelle Entwicklungsgeschichte Ägyptens und gaben eine hohe Einschätzung der ägyptischen Kultur als einen Abschnitt menschlicher Frühgeschichte. Sie sahen in Ägypten auch den Ursprung der Monarchie und der Gesetzgebung.

Das zweite Ereignis, das als Wiederentdeckung Ägyptens gefeiert wurde, war der Napoleonfeldzug und die damit verbundene erste systematische Aufnahme der ägyptischen Monumente. Ausgerüstet mit einer Armee von 34 000 Soldaten, einem Stab von Gelehrten, Ingenieuren und Künstlern zog Napoleon aus, um mit der Besetzung Ägyptens auch die ägyptische Isis[1] zu entschleiern sowie alle kulturellen Ausdrucksformen in der Architektur zu vermessen und aufzunehmen. In der Folge dieses Projektes, an dem 216 Wissenschaftler teilnahmen, entzifferte 1822 der französische Ägyptologe Jean-Francois Champollion auf der Grundlage des damals entdeckten Steins von Rosette die Hieroglyphen und begründete die Ägyptologie als akademische Disziplin.

Eine wichtige kosmopolitische Vereinigung, die der Freimaurer, befasste sich im 18. Jahrhundert intensiv mit Ägypten, als eine der Hochkulturen, die das Wissen über das Wesen der Welt, den Ursprung der hermetischen Geheimlehre besaß. Die Freimaurer sahen ihre Ziele in der sittlichen Vervollkommnung des Einzelnen und der

Schaffung eines humanistisch geprägten, aufgeklärten Menschen, durch die Bewahrung und Vermittlung des allumfassenden Wissens der Vergangenheit. Der Meister vom Stuhl der Wiener Loge »Zur wahren Eintracht«, Ignaz von Born, schrieb im Jahre 1784 in seinem »Journal für Freymauerei« einen bedeutenden Aufsatz »Über die Mysterien der Ägypter«. Von Born formulierte als Ideal der modernen Freimaurerei ein rekonstruiertes Wunschbild Ägyptens, das einer aufgeklärten absolutistischen Gesellschaft, als deren eigentlicher Führer er die ägyptischen Priesterphilosophen ansah. Die Priester bildeten einst die exklusive und elitäre Gelehrtenkaste, der alle Wissenschaften, Künste und Kenntnisse anvertraut waren und die wegen ihrer Gerechtigkeit und hohen Moral von ihrem Volk und Herrscher geliebt wurden. Die Herrscher Ägyptens waren ideale Regenten eines aufgeklärten Absolutismus. Die ägyptische Architektur bewertete er in einem Aufsatz »Journal für Freymauerei« von 1784 wie folgt: »Die Mauerkelle drückt die Baukunst aus. Diese Kunst, welche Osiris erfunden haben soll und die schon aus diesem Grunde den Eingeweihten heilig seyn muß, widmeten sich die ägyptischen Prister ganz. Es war nicht so eine Architektur, welche durch eine angenehme Uebereinstimmung der Theile das Auge anlockt, und den Gegenstand, zu dem sie bestimmt ist, ankündigt, sondern feste, durch edle Einfalt sich auszeichnende Bauart, der Inbegriff aller jener Schönheiten, welche nachher die griechischen Künstler theilweise aus selber entlehnten. Sie kannten keine festgesetzte Ordnung, unterwarfen sich keinen bestimmten Verhältnissen, sondern wie jeder erfinderischer Geist, wagten sie ohne Zwang der Regel das auszuführen, was ihnen gut und bequem schien, wählten Säulen, Pfeiler, Kolossen, Verzierungen nach ihrem Geschmack, und hatten nur Stärke, Grösse und Dauer zum Endzweck...«[2]

Ägypten spielte in der Zeit der Aufklärung eine große und widersprüchliche Rolle. Zum einen wurde die Kulturgeschichte Ägyptens als eine stagnierende, in sich geschlossene Epoche und als unbedeutend für die menschliche Entwicklung angesehen. Anderen dagegen galt sie als eine wichtige Entwicklungsstufe der Menschheit.

Die schon im 17. Jahrhundert angelegte »Moses-Debatte« wurde zu einem zentralen Thema der Aufklärung. Die Frage, ob Moses ein Ägypter war, verband sich mit der Fragestellung der Religionsstiftung. Der Philosoph Karl Leonhard Reinhold (1757–1825) gilt als einer der ersten und einflussreichsten Anhänger der Kantschen Philosophie. Er begann als Jesuit und Freimaurer zugleich und konvertierte dann, unterstützt von Herder, zum Protestantismus. Durch die Vermittlung von Wieland wurde er Mitglied der Wiener Loge »Zur Wahren Eintracht«. Er arbeitete mit Schiller gemeinsam in Jena. Reinhold und Schiller schrieben ihre Abhandlung über »Moses und Ägypten« im Kontext dieser Debatte. Die erhabene Idee der Natur als höchstem Wesen war für Schiller und Reinhold die Gottheit, in deren Mysterien Moses eingeweiht worden war. Mithilfe dieses Wissens stiftete er »seine Religion«. »Zuerst kam der Staat, und die alten Ägypter waren das erste Volk der Menschheitsgeschichte, das einen Staat gründete.

Der Staat ermöglichte die Arbeitsteilung und ernährte eine Gruppe von Priestern, deren einzige Aufgabe die Sorge für die göttlichen Dinge war.«[3]

Aber auch ein anderes Bild von Ägypten wurde in der Aufklärung vermittelt. Die ägyptische Kultur empfand man als bizarr, sie galt als monströs und schrecklich. Das Bild Ägyptens, als Land der Despotie, Hybris, Zauberei, Tierverehrung und Idolatrie stand dem Bild, das die Freimaurer sich zu eigen machten, gegenüber.

So war es Johann Joachim Winckelmann, der 1764 in seiner Geschichte des Altertums die gesamte ägyptische Kultur aus politischen und ästhetischen Gründen ablehnte. Zwar plante er eine Exkursion nach Ägypten, aber sein Ägyptenbild schien vorbestimmt zu sein. »Die Ägypter wollten unter strengen Gesetzen gehalten sein und konnten gar nicht ohne König leben, welches vielleicht die Ursache ist, warum Ägypten von Humerus das bittere Ägypten genannt wird. Ihr Denken ging das Natürliche vorbei und beschäftigt sich mit dem Geheimnisvollen.«[4] Er hielt die ägyptischen Menschen für unschön, nicht den klassischen Idealen entsprechend, ihre Haltung für konservativ und monarchistisch. Das traurige und melancholische Wesen der ägyptischen Menschen, so dachte er, brachte nur eine steife, unelegante Kunst hervor. In seinem Vergleich mit der Kunst der griechischen Antike steht die ägyptische Kultur als primitive Phase auf einer stagnierenden Stufe einer kulturellen Entwicklung, die keinerlei Einfluss auf andere Kulturen ausübte. »Die Ägypter haben sich nicht weit von ihrem ältesten Stil in der Kunst entfernt, und dieselbe konnte unter ihnen nicht leicht zu der Höhe steigen, zu welcher sie unter den Griechen gelangt ist; wovon die Ursache teils in der Bildung ihrer Körper, teils in ihrer Art zu denken und nicht weniger in ihren sonderlichen gottesdienstlichen Gebräuchen und Gesetzen, auch in der Achtung und in der Wissenschaft der Künstler kann gesucht werden.«[5]

Auch Goethe hatte eine ablehnende Haltung gegenüber der ägyptischen Kultur und hegte die Vorstellung von der Unbeweglichkeit der Kunst und dem Fehlen einer inneren Entwicklung. In seiner 1792 geschriebenen Komödie »Der Großkophta« nimmt er die Geschehnisse um Cagliostro[6] zum Anlass, eine mystische Ägyptenmode einzuflechten. So schrieb er: »Nun soll am Nil ich mir gefallen, hundsköpfige Götter heißen groß: O, wär ich doch aus meinen Hallen auch Isis und Osiris los.«[7]

Heinrich Heines Stellung zum ägyptischen Glauben belegen diese Zeilen: »die alte aus dem Niltal mitgeschleppte Plage, der ungesunde altägyptische Glaube«.[8]

SCHINKELS ERSTE BEGEGNUNGEN MIT ÄGYPTEN

Das philosophisch-kulturelle Umfeld, in dem Schinkel (1781–1841) sich entwickelte, lebte und arbeitete, beinhaltete diese beiden grundsätzlichen Widersprüche: Ägypten galt als kulturelle Wiege der Menschheitsgeschichte oder als eine unbedeutende in sich abgeschlossene Phase der menschlichen Entwicklung. Zu Schinkels

Freundeskreis gehörten die Gebrüder Humboldt. Auf die Vermittlung von Wilhelm von Humboldt erhielt Schinkel im Jahre 1810 die Stelle eines Ober-Bauassessors bei der Königlichen Ober-Bau-Deputation und baute in den Jahren 1820–24 sein Schloss in Tegel um. Die Gebrüder Humboldt befürworteten aus Überzeugung das zunächst noch umstrittene Entzifferungssystem der Hieroglyphen durch Champollion. Während Alexander von Humboldt Champollion persönlich kannte, blieb der Kontakt zu Wilhelm von Humboldt auf Briefe beschränkt. Am 26. Juni 1824 schrieb er an Champollion: »Es bleibt mir heute die Genugtuung eine Entdeckung bewundern zu können, die Sie mit den interessanten Ansichten über die Epochen der verschiedenen ägyptischen Bauten und über die Entwicklung der Kultur in Ägypten und im benachbarten Teil Afrikas in Verbindung bringen konnten.«[9] Die Gebrüder Humboldt begründeten die Ägyptologie in Berlin, indem sie Carl Richard Lepsius in seinem Studium der Ägyptologie unterstützten und die Entstehung der ägyptischen Abteilung im preußischen Museum in Berlin initiierten.

Im Vergleich zur Haltung Goethes und Winckelmanns, die die ägyptische Kultur als in sich geschlossen und stagnierend bezeichneten, sahen Friedrich Gilly und die Gebrüder Humboldt die ägyptische Kunst als eine wichtige Stufe in der menschlichen Entwicklung und regten bei Schinkel eine kritische Auseinandersetzung an.

Friedrich Gilly (1771–1800), Schinkels Freund, Lehrer und großes Vorbild gehörte ebenfalls den Freimaurern an. Aus Gillys Zeit sind zwar von ihm keine literarischen Zeugnisse zur Kunst Ägyptens überliefert, aber seine Entwürfe zeigen die schöpferische Auseinandersetzung mit der ägyptischen Kultur. In seinem Entwurf zu einem Denkmal für Friedrich den Großen geht er selbstverständlich mit den Elementen der ägyptischen Architektur um. Die Anordnungen von Sphingen, Obelisken, Pylonen

Abb. 1:
Friedrich Gilly:
Entwurf für ein
Denkmal für
Friedrich II.

und Pfeilerhallen werden zu einem imaginären Raumerlebnis und bilden ganz natürlich die Umgebung für den alles bekrönenden dorischen Tempel. Das Friedrichdenkmal zeigt, wie sehr hier die Zuordnung von Form, Funktion und Stil in jeweils höchster Ausprägung vorgenommen wurde. In seiner Denkschrift für Friedrich Gilly schrieb Konrad Levezow: »... er fing an die Geschichte des Alterthums, vornehmlich der Ägypter, Griechen und Römer, mit unverdrossenem Fleiße Tag und Nacht zu studieren und sich dadurch das, was ihm in dem Charakter ihrer Werke rätselhaft war, allmählig zu lösen.«[10]

Trotz der allgemein schwankenden Haltung zu Beginn des 19. Jahrhunderts, die mal von ägyptisierenden Modeerscheinungen und von Ägyptomanien im Wechselspiel geprägt wurden, erarbeitete sich Schinkel in diesem geistig kulturellen Umfeld eine klare Haltung zur ägyptischen Kultur, die sein Schaffen als Architekturtheoretiker durchzog und sich auch in seinen Entwürfen niederschlug.

Schinkel besuchte Ägypten nicht, trotzdem waren ihm einige Ägyptika bekannt. Seit dem Ende des 17. Jahrhunderts, noch unter Kurfürst Friedrich III., wurde die Sammlung Pietro Belloris für die kurfürstliche Kunstsammlung in Berlin erworben. Es waren keine bedeutenden Kunstwerke, sondern eher Kuriositäten, kleine Statuen, Bronzefiguren aus einer rätselhaften Kultur. Allgemein gab es in den verschiedensten Sammlungen in Europa bereits ägyptische Stücke. Ein von Atanasius Kircher in der Mitte des 17. Jahrhunderts gegründetes Museum in Rom, das zur Ausbildung von Zöglingen des Jesuitenkollegs diente, zeigte zum Beispiel eine größere Sammlung. Wahrscheinlich ist, dass Schinkel dieses Museum bei seinem Aufenthalt in Rom, im Rahmen seiner dreijährigen Italienreise besuchte, obwohl keine Aufzeichnungen über dieses Erlebnis bekannt sind. Auch das Cafè Inglese in Rom, das Piranesi ausstattete, dürfte ihm bekannt gewesen sein. Mit diesen Ausstattungsentwürfen galt Piranesi als Initiator der Ägyptenrezeption im Europa des späten 18. und frühen 19. Jahrhunderts.

Karl Friedrich Schinkel kam im Jahre 1794, 13-jährig mit seiner Mutter und seinen Geschwistern nach Berlin und wurde Schüler des Gymnasiums zum Grauen Kloster. Im Jahre 1798 verließ er die Schule, »um sich der Baukunst zu widmen«. Als Schüler der Bau-Unterrichts-Anstalt erhielt er bei David und Friedrich Gilly, Carl Gotthard Langhans, Friedrich Becherer, Johann Heinrich Gentz und Aloys Ludwig Hirt Unterricht. Auch in Berlin wurde er mit Einflüssen der ägyptischen Kultur konfrontiert.

Die Ägyptenrezeption spielte sich am Ende des 18. Jahrhunderts in Berlin und Umgebung auf einer ganz anderen Ebene ab. Hier ist Ägypten präsent in den ägyptisierenden Elementen der Architektur, seiner Schlösser und Gärten. Es sind Sphingen, Pyramiden, Obelisken und Kanopen, Schmuckelemente, die einen geheimnisumwitterten Charakter hatten und nur deshalb von Interesse waren. Die Interpretationen entbehrten aber jeder wissenschaftlichen Grundlage. In den Bestreben der preußischen Könige Friedrich II. und besonders Friedrich Wilhelm II., ihre Residenzstadt mit historischen Monumenten zu versehen, wurden zunehmend ägyptisierende Elemente eingesetzt. So hatten z. B. die in einer Torsituation angeordneten Knobelsdorffschen Obelisken in Potsdam mit ihren Hieroglyphen kein wirkliches Vorbild. Kurz nach Regierungsantritt im Jahre 1786 ließ sich Friedrich Wilhelm II. von Langhans das Marmorpalais im neuen Garten in Potsdam bauen. Beeinflusst durch die Philosophie der Freimaurerei, Friedrich Wilhelm II. war selbst Freimaurer, setzte er in seinen architektonischen Planungen ägyptisierende Elemente ein, die seine Verbundenheit zu dieser geheimnisvollen Kultur ausdrückten. So fanden in seinem Garten eine Pyramide, die als Eiskeller genutzt wurde, eine Orangerie mit ägyptischen Königsstatuen, eine Sphinx und Obelisken Platz. Unweit der Orangerie befand sich die Statue der Diana; wohl von 12 Kanopen umgeben.

Erst durch die Forschungsergebnisse des Ägyptenfeldzuges und dem damit verbundenem raschen Wachstum der ägyptischen Sammlungen in London, Turin und Paris entstand auch am preußischen Hof ein wissenschaftliches Interesse an ägyptischer Kultur. Die von der preußischen Regierung veranlasste Expedition des Freiherrn von Minutoli im Jahre 1820–21 endete im Untergang eines seiner Schiffe. Die Reste seiner Sammlung führte er als erste geschlossene, gut dokumentierte Sammlung ägyptischer Altertümer Berlin zu. Im Jahre 1827 wurde die Sammlung Giuseppes Passalacqua mit 1600 Objekten angekauft. Der ehemalige Kaufmann, oft als ein liebenswürdiger Dilettant beschrieben, übernahm ein Jahr später die Aufsicht dieser Sammlungen. Im Jahre 1855 wurde dann Richard Lepsius Kodirektor und im Jahre 1865 Direktor des ägyptischen Museums in Berlin.

Durch das Erscheinen der über 20 Bände der »Description de l' Égypte« in der Zeit von 1809 bis 1820 war nun die Kunst und Kultur ganz Ägyptens allgemein zugänglich geworden. Weitere Anregungen zur ägyptischen Kunst und Kultur erhielt Schinkel 1802 durch die Werke von Dominique Vivant Denon, z. B.: »Voyage dans la Haute et la Basse Egypte« sowie die Veröffentlichungen von Giovanni Battista Belzoni und Christian Franz Gau. Im Jahre 1826 begab sich Schinkel mit seinem Freund Beuth auf eine Reise nach England über Frankreich. Ziel der Reise war es, die technischen Errungenschaften in England zu studieren. Dabei wurde Schinkel immer wieder mit ägyptischen Sammlungen in England und Frankreich konfrontiert. Am 11. Juni 1826 besuchte Schinkel das Haus von Sir John Soane (1753–1837) in London und begutachtete seine reichen Sammlungen: »*... Das Merkwürdigste der Sammlung ist der ägyptische Sarcophag aus orientalischem Alabaster den Belzoni aus Ägypten gebracht hat, innen und außen mit feinen Hyrogliphen bedeckt die eingeschnitten und schwarz ausgelegt sind, er soll für den König Psamenit gewesen seyn ...*«[11]

Großartige Bauaufnahmen von ägyptischen Architekturen sah Schinkel bei seinem Besuch des Architekten Jean-Nicolas Huyot in Paris am 6. Mai 1826. »*... wir gehn wieder zurück zu Huot sahen dessen enorme Arbeiten über die Aufnahmen der Gebäude u ganzer Städte in Ägypten, Syrien, Kleinasien ... Ansichten der ägyptischen u nubischen Monumente ...*«[12]

Von Schinkel sind keine Schriftzeugnisse, in dem er direkt und ausführlich zur Entstehung und Entwicklung der ägyptischen Kultur Stellung nimmt, bekannt. Aber es existieren kurze, niedergeschriebene Äußerungen, verbunden mit Skizzen, Zeichnungen, Bühnenbildern und architektonischen Entwürfen, die eindeutig seine Auseinandersetzung mit der Kunst und Kultur Ägyptens belegen. Seine genauen Kenntnisse dieser Architekturentwicklung zeigt sein schöpferischer Umgang mit ägyptischen Architekturelementen.

SCHINKELS FRAGMENTE ZUM ARCHITEKTONISCHEN LEHRBUCH

Schon auf seiner ersten Italienreise (1803–1805) hegte Schinkel die Idee, ein architektonisches Lehrbuch zu schreiben. Leider verblieb Schinkel nicht die Zeit, die im Laufe seines Lebens dazu verfassten Fragmente zu einem Lehrbuch zusammenzufassen. In den bekannten Textstellen, einem Entwurf zur Einleitung seines Lehrbuches, schrieb Schinkel Anfang der 20er-Jahre des 18. Jahrhunderts: *»... Bei vorzüglich begabten Völkern nahm der vorhandene Kreis der Erfahrungen und Resultate aber gleich einen gesetzlich abgeschlossenen Character an und dieser rundete eine kleine Kunstwelt ab, in welche ein neu eintretendes Element schweren Eingang fand. Es forderte wieder geraume Zeit zur harmonischen Vereinigung solcher neuer Elemente mit der bereits in sich geschlossenen Kunstwelt ... Viele Völker gingen zuletzt garnicht mehr darauf aus ein harmonisches Kunstleben zu erzeugen, (Indier) sie begnügten sich an dem neu eintretenden an sich und wendeten es ganz willkürlich an, wodurch denn das barocke in der Kunst entstand woran die modernsten Zeiten ebenso leiden wie manche ältere. Völlig durchgebildet war Ägyptische Kunst ...«*[13]

Bei seinen Untersuchungen über die Bedingungen, aus denen sich architektonische Formen entwickeln, oder auf der Suche nach der Entstehungsgeschichte bestimmter Formen, stellte Schinkel eine stichpunktartige Liste zusammen, die sowohl die Evolution der Menschheit mit ihren Bedürfnissen, die Gesetze der Naturkräfte als auch bestimmte kulturelle Entwicklungsstufen berücksichtigte. *»Architektonische Formen bedingt ... 3. durch gewissen höhere Gesetze. Obelisk. Pyramide pp, Lot Kuppel, Dome ... 1. Ursprüngliche aus einem Character geflossene und aus gleichen Gesetzen sich erweiternde Formen Agypt(er)., Gr(iechen)«.*[14]

In seinen Untersuchungen zur Entstehungsgeschichte des Spitzbogens bezieht Schinkel die Architektur der Ägypter selbstverständlich mit ein. *»Der Spitzbogen könnte doch eine Erfindung des Orients seyn, welches die Untersuchung ergeben würde ob die Araber ihn früher benutzt als die Europäer, seit den Kreuzzügen scheint er erst eigentlich in Europa einheimisch ... Die Orientalen kamen vielleicht ganz einfach darauf indem sie dem Strebe = Bau als dem Ältesten in Ägypten Babilonien / Indien / pp am nächsten waren ...«*[15]

In der Abbildung[16], die Schinkel für das Architektonische Lehrbuch anfertigte, wird die Wand- und Raumkonstruktion der geraden Bedeckung in ihrer baugeschichtlichen

Abfolge, die Entstehung von Stütze und Balken, von Säule und Architrav (von links nach rechts) gezeigt:

A   Drei Pfeiler, einen Balken tragend, vgl. dazu die Seitenansicht des Tempels aus der »Description de l' Égypte«,
»VUE PERSPEKTVE DU TEMPLE DU SUD À ÉLÉPHANTINE«[17]
B   Drei Lotosbündelsäulen mit geöffnetem Kapitell, einen Balken tragend, vgl. dazu die Säulen im Tempel von Karnak[18]
C   Drei dorische Säulen mit Abakus und Architrav aus der griechischen Antike.

SCHINKELS ENTWÜRFE FÜR DIORAMEN

Nach seiner Italienreise gab es für Schinkel als Architekten, in dem von den Franzosen besetzten Preußen kaum Bauaufgaben. Er arbeitete an der Konzeption seines architektonischen Lehrbuches, das ihm aber zu keiner finanziellen Einnahmequelle verhalf. Er brachte nun sein malerisches Talent zum Einsatz und nutzte seine schnelle Auffassungsgabe und sein gutes Gedächtnis zur Anfertigung von Dioramen. Die Vorführung von Dioramen fand seit dem späten 18. Jahrhundert in Berlin auf den Weihnachtsausstellungen statt. Durch den Erfolg von Schinkels Dioramen, die sich in Berlin einer immer größeren Beliebtheit erfreuten, wurden die Ausstellungen von Dioramen als kulturelles Ereignis auch ganzjährig gezeigt. So entstanden wohl insgesamt 16 Dioramen zu Orten der Weltgeschichte und des Weltgeschehens. Für Schinkel waren seine Dioramen ein Theater ohne Dichtung. Dabei verband er seine Malereien mit geselligen Veranstaltungen. Die ausgestellten Dioramen boten Unterhaltung mit der Vermittlung von Wissen, denn Schinkels Bestreben lag besonders darin, möglichst originalgetreue Darstellungen der historischen Umgebung zu schaffen, die gleichzeitig im richtigen baugeschichtlichen Kontext standen. Von den auf Papier im Rund (Durchmesser ca. 70'–90') gemalten Kunstwerken sind nur wenige in Resten erhalten. Ein Diorama z. B. stellte den Brand von Moskau, ein weiteres das Panorama von Palermo, ein anderes die Völkerschlacht zu Leipzig dar. Im Jahre 1812 entstand wahrscheinlich das nicht mehr erhaltene Diorama aus der Reihe »Die 7 Weltwunder«. Dazu gehörten auch die Pyramiden von Giseh. Aus dieser Phase sind einige Vorskizzen erhalten. Die Abbildungen 1[19] und 3[20] zeigen Skizzenblätter mit den perspektivischen Darstellungen der Pyramiden von Giseh und eine Stufenpyramide. Ein weiteres Blatt.[21]

Abb. 2: Skizze einer Pyramidendarstellung

mit der Beschriftung »*Die Sphinx bei den Pyramiden*« stellt das Monument perspektivisch, erklommen von Menschen in europäischer Kleidung über eine von hinten an das Kopfteil angestellten Leiter, dar. Eine ähnliche Situation ist in der »Description de l' Égypte« die »Pyramides de Memphis«[22] abgebildet und diente Schinkel offensichtlich als Vorbild. Von einem weiteren Dioramaentwurf zur Tempelanlage in Edfu ist ein Skizzenblatt erhalten, das den Horustempel in der Gesamtanlage nur skizzenhaft zeigt.[23] Die noch gut erhaltene Tempelanlage mit Pylonen, Obelisken, Säulenhof und Säulenhalle ist perspektivisch dargestellt. Auf dem Blatt befinden sich noch zwei weitere Skizzen: die Seitenansicht eines der Memnonkolosse mit dem Thronrelief[24] und das Kapitell einer Zeltstangensäule, wohl aus dem Festtempel des Thuthmosis III. in Karnak.[25]

SCHINKELS ENTWÜRFE FÜR BÜHNENBILDER

Die erste Arbeit, mit der Schinkel im Jahre 1802 an die Öffentlichkeit trat, war ein Theaterentwurf. In Berlin, einer Stadt die unter Napoleons Kriegsdrohung stand, spielte das kulturelle Leben in den Theatern eine große Rolle. Bedeutende Theater, wie das von Langhans auf dem Gendarmenmarkt im Jahre 1800–02 erbaute Nationaltheater[26], und das von Knobelsdorff 1741–43 geschaffene Opernhaus »Unter den Linden«, lieferten kontinuierlich neue Inszenierungen. Berühmte Schauspieler und Bühnendichter kamen nach Berlin oder wurden, wie z. B. August Wilhelm Iffland, Direktor des Berliner Nationaltheaters, von Mannheim nach Berlin geholt.

In Schinkels Theaterentwürfen kam seine Doppelbegabung als Maler und Architekt zum Ausdruck. Bereits in früher Jugend fertigte Schinkel Kulissenentwürfe an, die wohl von Theaterbesuchen angeregt sein könnten. Ein frühes, im Jahre 1797 entstandenes Blatt zeigt eine felsige Landschaft mit einer Pyramide, einer ägyptisierenden Tempelanlage und einer schemenhaften Tempelruine im Vordergrund[27].

In seinen Bühnenentwürfen ging Schinkel von der Abschaffung der barocken Bühne aus und konzipierte statt dessen einen von seitlichen Gebäuden begrenzten Bühnenraum, den nach hinten ein riesiges Gemälde abschließt. Damit verbreiterte sich das Proszenium. Er sah das Proszenium als betretbaren Vordergrund und die weitere Landschaft dahinter als Prospekt. Seine Theaterentwürfe verknüpften Architektur und Landschaft mit der Forderung nach historischer Richtigkeit von Kostümen und Dekorationen. Ein sorgfältiges Quellenstudium mit der Erarbeitung von nachprüfbaren Kriterien lieferte Schinkel eine Absicherung gegen zufällige geschmäcklerische Urteile. Sein breites Wissen über nationale Eigentümlichkeiten, Ausprägungen kultureller Epochen und historische Geschehnisse setzte Schinkel in seinen fantasievollen und schöpferischen Bühnenentwürfen um.

Das Theater sollte den Rang einer Bildungsstätte des Volkes erhalten, in der Maler, Archäologen, Bildhauer, Architekten, Naturhistoriker und Botaniker die dargestellten Gegenstände als richtig akzeptierten. Schinkels neue Ideen zur Bühnengestaltung stießen bei Iffland auf wenig Gegenliebe, selbst das Angebot eines kostenlosen Bühnenentwurfes zu Spontinis Oper »Die Vestalin« lehnte Iffland ab. Im Jahre 1814 starb Iffland und Karl Graf von Brühl, der mit Schinkel in freundschaftlicher Beziehung stand, wurde Direktor des königlichen Theaters. Damit erhielt Schinkel, damals 34-jährig, seine Chance als Bühnenbildner. Graf Brühl beauftragte Schinkel im Februar 1815 mit zwölf Dekorationen zur Zauberflöte.

Wolfgang Amadeus Mozart nahm im Jahre 1791 in seiner populären Oper »Die Zauberflöte« viele ägyptisierende Motive auf. Mozart war, wie Reinhold, Freimaurer und Mitglied der Wiener Loge »Zur wahren Eintracht«. Ihm waren die Werke von Ignaz von Born natürlich bekannt.

Völlig einzigartig in der Bühnendekoration der Zeit, und auch bei Schinkel später nicht mehr erreicht, ist die Monumentalität der architektonischen und landschaftlichen Motive, die mit dem Thema der Zauberflöte verwoben sind. Schinkels ägyptisierende Architekturdarstellungen sind zwar Fantasiegebilde, aber unter strenger Anlehnung an die ihm bekannten ägyptischen Architekturformen entstanden. Seine Entwürfe, in struktureller Stereometrie, wachsen aus dem »Urgestein«. Sie sind genau, wie Bauaufnahmen, gezeichnet und stellen sich dem Anspruch, den Graf Brühl als Generalintendant der königlichen Schauspiele im Jahre 1819 formulierte: »Jeder Theater-Direction, welche nicht das Glück hat, einen solchen Mann zu besitzen (gemeint

Abb. 3:
Bühnenbildentwurf zur Zauberflöte, Halle in Sarastros Burg, 3. Dekoration Feder in Braun, Deckfarben; 31,8 cm x 45,8 cm Staatliche Museen zu Berlin, Preußischer Kulturbesitz, Nationalgalerie

Abb. 4:
Bühnenbildentwurf zur Zauberflöte, Inneres des Sonnentempels, im Hintergrund der thronende Osiris, 12. Schlussdekoration Deckfarben; 54,2 cm x 62,5 cm Staatliche Museen zu Berlin, Preußischer Kulturbesitz, Nationalgalerie

ist Schinkel) ist demnach zu rathen, sich wenigstens hinsichtlich alles Architectonischen im Decorationswesen an irgend einen geschickten Baukünstler in ihrer Nähe zuwenden, da eigentlich der Theatermaler nichts malen soll, was nicht wirklich gebaut werden könnte und daher nicht, wenigstens dem Augenschein nach, ausführbar wäre.«[28]

Auf dem ersten Blatt seiner Szenenbilder zur Zauberflöte befindet sich ein fantastischer, ägyptischer Tempel in einer Felsengrotte. Damit stellte Schinkel die zwei Mächte der Handlung, die düster unheimliche Welt der Königin der Nacht der klaren hellen Lichtwelt des Sarastros, gegenüber. Sein fantastischer u-förmiger Tempel ist in seiner Blockhaftigkeit mit ägyptisierenden Motiven wie Hohlkehlen, Säulen mit geöffneten Doldenkapitellen und einer Sphingenallee ausgestattet. Für die Darstellung des Vorhofes von Sarastros Tempel auf dem zweiten Blatt nahm sich Schinkel einen ägyptischen Hof mit einer Tempelfront zum Vorbild und setzte diesen fantasievoll verändert um. Osiris, Sinnbild des ewigen Lebens, bekrönt die Tempelmitte. Eine Statue mit Tafeln als Sinnbild der Weisheit und eine Ziege als Sinnbild der Natur flankieren Osiris.[29] Die architektonischen Details erinnern an die der Tempelfront des Tempels von Esna. Auch die Halle in Sarastros Burg auf dem nächsten Blatt weist in ihrer Kompaktheit und in dem Verhältnis von Stütze und Last Ähnlichkeiten mit dem in Theben befindlichen Totentempel des Königs Ramses II. auf. (Abb. 3[30]) Fast authentisch wirkt dagegen die Darstellung von Sarastros Burg[31], die in idealisierter Form der Tempelanlage auf der Insel Philae in der »Description de l' Égypte«[32] entspricht. Das auf einem weiteren Blatt erzeugte romantische Bild einer Sphinx im Mondschein, die das auf einer Insel befindliche Mausoleum bewacht, zeigt die deutliche Verbindung zur Sphinx von Giseh[33]. Dass Schinkel über genaue Kenntnisse der ägyptischen Tempelanlagen verfügte, zeigen auch die Darstellungen auf zwei weiteren Blättern. Der Eingang zum Sonnentempel mit seiner Prüfungsbahn und den Höhlen des Wassers und Feuers[34] und der Blick ins Innere des Sonnentempels mit dem thronenden Osiris (Abb. 4[35]) belegen die verwandten Architekturdetails, wie der Tempelaufbau, die konisch verlaufenden Wände mit umlaufendem Rundstab, die Hohlkehlen der Traufe, die Säulen mit geöffneten oder geschlossenen Doldenkapitellen. Die von halbhohen, reliefartig verzierten Wände zwischen den Interkolumnien entsprechen im Aufbau und im Detail dem klassisch ägyptischen Tempel der Spätzeit.

Im Jahre 1817 entwarf Schinkel für die Oper »Atalia« von Johann Nepermuk Poissel drei weitere Dekorationen mit ägyptisierenden Motiven. Für die Darstellung des Vorhofs der Wohnung des Hohenpriesters nahm Schinkel die Säulen aus Edfu zum Vorbild.

Im Jahre 1828 entstand Schinkels letztes Bühnenbild. Er entwarf von 1815–28 über 100 Bühnenbilder für 45 Stücke.

SCHINKELS BAUTEN UND ARCHITEKTONISCHE ENTWÜRFE

Mit dem preußischen Sieg über Napoleon stieg Schinkels Verlangen, seine Entwürfe zu bauen, und der sich neu formierende preußische Staat gab dem Baumeister Aufträge. Zum Ende des 18. Jahrhunderts entwickelte sich in Frankreich eine Architekturrichtung, die ganz stark ägyptisierende Elemente aufnahm. Die sogenannte »Revolutionsarchitektur« beeinflusste in ihrer Monumentalität, in der Verwendung von stereometrischen Körpern und durch die Entstehung von Solitärbauten Generationen von Architekten. So schrieb Etienne-Louis Boullée (1728–99) zu seinem »Kenotaphentwurf«: »Die Ägypter haben uns berühmte Beispiele hinterlassen, ihre Pyramiden sind so charakteristisch, weil sie das triste Bild öder Berge und der Unveränderlichkeit bieten.«[36]

In der ersten Phase seines architektonischen Schaffens, zu Beginn des 19. Jahrhunderts, befand sich Schinkel noch stark unter dem Einfluss seines Lehrers Friedrich Gilly. In dieser Zeit schuf Schinkel blockhafte, pylonartige Architekturen mit kräftigen Wänden aus stereometrischen Körpern. Ein Beispiel ist sein früher Museumsentwurf von 1802. In einen blockhaft gelagerten, geschlossenen Körper fügte er mittig einen Portikus ein. Davor steht seitlich eine Brunnenanlage mit einem Obelisken in der Mitte[37]. Auch in seinem Entwurf für das Schloss Köstritz, Auftraggeber war Heinrich XLIII., verwandte Schinkel zur Umsetzung der u-förmigen Anlage stereometrische Körper, geschlossene Wände und pylonartige Abschlüsse. (Abb. 5[38]) Für den Entwurf der Wache »Unter den Linden« sah Schinkel in seinem ersten Entwurf 1816 einen Pfeilerbau vor, der in seiner Struktur und Blockhaftigkeit in einem klaren Bezug zum ägyptischen Tempel steht.[39] So setzte Schinkel sein Wissen über die ägyptische Architektur in seinen Entwürfen ein, um neue Strukturen, Körperhaftigkeiten und Räume zu entwickeln. Im Ausklang seiner romantischen Phase entwarf Schinkel um 1816–17 ein Denkmal für die Befreiungskriege als Tempelgral. Dieser turmartige Tempelgral wird aus übereinander angeordneten Tempeln gebildet. Über einer Böschung erhebt sich der ägyptische Tempel, darüber lagert eine griechische Tempelanlage, bekrönt von einem kathedralartigen gotischen Turm mit Strebewerk[40]. Hier baute Schinkel die für ihn wichtigsten Gebäude des menschlichen Schaffens zu einem Tempelgral zusammen und wies der ägyptischen Architektur als Basis ihren Platz zu.

Abb. 5:
Entwurf zu Schloss Köstritz

Ein ähnliches Bekenntnis lieferte Schinkel in der Portalgestaltung seines Schlüsselwerkes, der Bauakademie. Das in Terrakotta aus einzelnen Platten ausgeführte Eingangsportal zeigt eine allegorische Aufbereitung der Stilgeschichte. Der Ägypter vor einem Doldenkapitell steht dem Griechen vor einer dorischen Säule in derselben Höhe der Portalumrahmung gegenüber (Abb. 6[41]).

In seinem architektonischen Schaffen bildet die ägyptische Architektur den Grundstein der Architekturentwicklung. Kurz vor seinem Tode plante Schinkel, wie sein Freund Gustav Friedrich Waagen 1844 schrieb, in einem übergroßen Diorama

»... die Hauptdenkmäler der verschiedensten Länder von Asien, Ägypten, Griechenland, Rom und Deutschland im Mittelalter mit der entsprechenden Naturumgebung, zu vereinigen ...«[42]. Mit der ägyptischen Kunst und Kultur gewann nach Vorläufern im Barock zum ersten Mal eine außereuropäische Kultur neben der griechisch-römischen Antike Einfluss auf zentrale Bauaufgaben.

Die kursiv wiedergegebenen Textstellen sind Zitate von Schinkel selbst

Abb. 6:
Darstellung eines der
Portale der Bauakademie
in der Ansicht

Anmerkungen

1 Die Isis wurde auch in der Antike als Göttin anerkannt.

2 Syndram, Dirk: Ägypten-Faszination – Untersuchungen zum Ägyptenbild im europäischen Klassizismus bis 1800. Frankfurt/Main 1990, S. 274.

3 Assmann, Jan: Moses der Ägypter. München; Wien 1998, S. 190, Fußnote 435.

4 Winckelmann, Johann Joachim: Geschichte der Kunst des Altertums. Weimar 1964, S.44f.

5 Ebenda, S.42.

6 Graf Alexander Cagliostro, (1743-1795) hieß eigentlich Giuseppe Balsamo, stammte aus Palermo und war ein berüchtigter Abenteurer in ganz Europa als Arzt, Alchimist und Geisterbeschwörer bekannt.

7 Syndram, Dirk: Ägypten Faszination, a. a. O., S. 299.

8 Assmann, Jan: Moses der Ägypter, a. a. O., S. 112-113.

9 Ehrhardt, Anne-Francoise: Die Gebrüder Humboldt reichen die Hand, in: Pharaonendämmerung. Strasbourg 1990, S. 138.

10 Levezow, Konrad: Denkschrift auf Friedrich Gilly, in: Friedrich Gilly. Katalog. Berlin 1987, S. 226.

11 Wegener, Reinhard: Schinkel-Lebenswerk. Die Reise nach Frankreich und England. München; Berlin 1990, Tagebuchseite 35, S. 52.

12 Ebenda, Tagebuchseite 4, S. 20.

13 Karl Friedrich Schinkel, Heft III, S 16, Nachlaßmappe MXXII, in: Schinkelsammlung, Sammlungen der Zeichnungen, Nationalgalerie, Staatliche Museen zu Berlin Preußischer Kulturbesitz.

14 Karl Friedrich Schinkel, Heft III, S 12, Nachlaßmappe 22, in: s. Anm. 13.

15 Karl Friedrich Schinkel, M.XLI 43, in: s. Anm. 13.

16 Karl Friedrich Schinkel, M.XL 1, in: s. Anm. 13.

17 Description de l' Égypte. Bibliothèque de l' Image. Reprint 1996, A. Vol. I– Pl. 38.

18 Ebenda, A. Vol. III–Pl. 21, 22.

19 Karl Friedrich Schinkel, M.XX c164, in: s. Anm. 13.

20 Karl Friedrich Schinkel, M.XX c163, in: s. Anm. 13.

21 Karl Friedrich Schinkel, M.XIX 1, in: s. Anm. 13.

22 Description de l' Égypte, a. a. O., A. Vol. V–Pl. 8.

23 Karl Friedrich Schinkel, M.XIX 5, in: s. Anm. 13.

24 vgl. Description de l' Égypte, a. a. O., A. Vol. II–Pl. 20, 21, 22.

25 vgl. Description de l' Égypte«, a. a. O., A. Vol. III–Pl. 30.

26 Im Jahre 1818-21 errichtet Schinkel auf den Resten des Langhanschen Nationaltheaters unter Verwendung von sechs Portikussäulen ein neues Schauspielhaus.

27 Börsch-Supan, Helmut: Karl Friedrich Schinkel Bühnenentwürfe. 1. Band. Berlin 1990, S.14.

28 Ebenda, S. 75.

29 Karl Friedrich Schinkel, M.XXII c118, in Schinkelsammlung, Sammlungen der Zeichnungen, Nationalgalerie, Staatliche Museen zu Berlin Preußischer Kulturbesitz

30 Karl Friedrich Schinkel, M.XXII d110, in: s. Anm. 13.

31 Karl Friedrich Schinkel, M.XXII c111, in: s. Anm. 13.

32 Description de l' Égypte, a. a. O., A. Vol. I–Pl. 3, 4

33 Karl Friedrich Schinkel, M.XXII c102, in: s. Anm. 13.

34 Karl Friedrich Schinkel, M.XXII c119, in: s. Anm. 13.

35 Karl Friedrich Schinkel, M. Th. 13, in : s. Anm. 13.

36 Revolutionsarchitektur. Katalog. Baden-Baden 1970, Boullée, S. 30.

37 Rave, Paul Ortwin: Schinkel-Lebenswerk. Bd.1, Berlin 1944, S. 12.

38 Abri, Martina/Junecke, Hans: Schinkel-Lebenswerk. Bauten und Entwürfe innerhalb Deutschland – außerhalb Preußens. Bauten und Entwürfe für Köstritz. In Vorbereitung.

39 Rave, Paul Ortwin: Schinkel-Lebenswerk, a. a. O., S.147, Abb. 142.

40 Paul Ortwin Rave, Schinkel- Lebenswerk, »Berlin«, Bd.1, Berlin 1944, S. 275, Abb. 293.

41 Schinkel, Karl-Friedrich: Sammlung architectonischer Entwürfe. Berlin 1841-43, Tafel 138.

42 Waagen, Gustav Friedrich: Karl Friedrich Schinkel als Mensch und als Künstler. Reprint. Düsseldorf 1980, S. 420.

Siegfried Neumann

DIE BEGRÄBNISSTÄTTEN IM BRANITZER PARK

Als Fürst Pückler 1845 nach Branitz übersiedelte und mit der Anlage des Parks begann, existierte in Branitz nur der Friedhof der Gemeinde, der, vor häufigem Hochwasser geschützt, auf einer kleinen Bodenerhöhung etwa 1,5 Kilometer nördlich des Dorfes lag.

Es ist noch ungewiss, ob in früheren Jahren die Mitglieder der herrschaftlichen Familie auch auf diesem Friedhof bestattet wurden oder ob es eventuell doch noch einen herrschaftlichen Friedhof an anderer Stelle gegeben hat.

Der im sogenannten Vorpark gelegene Dorffriedhof war über den Marienweg durch die Marienheide erreichbar.[1] Es war der Weg, der von der Branitzer Bevölkerung zum Kirchgang nach Cottbus zur Klosterkirche, auch Wendenkirche genannt, benutzt wurde.

Abb. 1:
Begräbnisstätten im Branitzer Park

1 alter Dorffriedhof
2 neuer Dorffriedhof
3 Tumulus, Grabstätte des Fürsten
4 Erbbegräbnis

Als der Fürst in der zweiten Hälfte des Jahres 1846 sich zur Umwandlung seines gesamten Branitzer Besitztums zu einer Parkanlage entschloss,[2] war der Marienweg ein ernstes Hindernis für seine weitreichenden Gestaltungsabsichten, denn der bewusste Weg wurde von den Branitzer Bewohnern nicht nur zum Kirch- und Friedhofsgang genutzt, sondern er diente auch, wegen der hochwasserbedingten häufigen Unpassierbarkeit der Kiekebuscher Straße, den Kiekebuschern als Verbindungs- und Wirtschaftsweg nach Cottbus.

Zwischen dem Fürsten und der Gemeinde Branitz kam es zu einer Übereinkunft, in der sich der Fürst zur Anlage eines neuen Friedhofes am Rande der Dorflage, zum Neubau einer Verbindungsstraße zwischen Dorf und Kiekebuscher Straße sowie zur Verbesserung des Zustandes der Kiekebuscher Straße verpflichtete. Von der Gutsherrschaft wurden die dazu notwendigen Flächen, das Material und die Spanndienste, von den Gemeindemitgliedern ein großer Teil der manuellen Arbeiten erbracht.[3]

Die Arbeiten wurden 1849 aufgenommen und 1850 beendet. Sie waren mit erheblichen Aufwendungen verbunden, weil durch Aufschüttungen das Niveau des Friedhofes, und teilweise auch der Straße, erhöht werden musste.

Seit 1850 wurden die Beisetzungen nur noch auf dem neuen Friedhof vorgenommen.

Als im Mai 1854 die Fürstin Lucie starb, wurde sie, vermutlich auf eigenem Wunsch, noch auf dem alten Friedhof beerdigt. Die Beisetzung erfolgte in aller Stille, der Fürst war, wie so oft, auf Reisen. Die Grabanlage der Fürstin wurde nach einer Skizze des Fürsten angefertigt.[4] Der Begräbnisplatz sollte von einem 4 Fuß hohen und 78 Fuß langen Spalierzaun umgeben sein, dessen Höhe später noch um einen Fuß gekürzt werden musste.[5] Die Ausschmückung des Grabes sollte mit einer Blumenrabatte und Tannen geschehen.[6] Das Marmorkreuz mit der Aufschrift »Ich gedenke Deiner in Liebe« kam erst 1857 zur Aufstellung.[7] Im gleichen Jahr ließ der Fürst in unmittelbarer Nähe des Grabes eine Bank unter einer Akazie aufstellen, die den Blick zur Pyramidenebene ermöglichte.[8]

Das Grab der Fürstin blieb an dieser Stelle bis zum Jahre 1884.

Aus ökonomischen Gründen waren nach dem Tode des Fürsten große Teile des Parkes oder der für die weitere Gestaltung vorbereiteten Flächen einer land- bzw. forstwirtschaftlichen Nutzung wieder zugeführt worden.[9] Das Grab der Fürstin befand sich auf einer solchen Fläche.

Heinrich Graf von Pückler (1835–1897), der nach dem Tode des Fürsten das Majorat übernahm, ließ deshalb die sterblichen Überreste in der Nacht vom 26. zum 27. Mai 1884 zur Wasserpyramide, in die Grabkammer des Fürsten, überführen.[10]

Durch die danach erfolgte Einebnung des Geländes und die Aufforstung zeichnet sich der alte Friedhof, heute kaum noch wahrnehmbar, als schwache Bodenerhebung im Gelände ab.

Zur gleichen Zeit, als der neue Dorffriedhof angelegt wurde, entschied sich der Fürst für den Standort seines künftigen Begräbnisplatzes. Es ist anzunehmen, dass der Fürst sogleich an die Aufschüttung einer Pyramide dachte. Bei seiner Orientreise hatte er hinreichend Anregungen für einen solchen Entschluss finden können.

Obwohl der Fürst am 24. April 1850 in einem Brief an Lucie als gemeinsame Grabstätte eine zu errichtende Pyramide von 80 Fuß Höhe in der Mitte eines Sees bereits erwähnt hatte[11a] und vom 15. und 22. Oktober 1850 schon Belege über Baumaterial für die Gruft vorlagen, begann die Aufschüttung der Pyramide erst wesentlich später.[11b] Am 21. August 1851 wurde der Sekretär Bidault vom Fürsten beauftragt, dafür zu sorgen, dass an der für die Pyramide abgesteckten Stelle auf einer Fläche von 80 Fuß Durchmesser kein Boden entnommen werden soll. Gleichzeitig erkundigte er sich beim Steinmetz nach dem Stand der Arbeiten für seine Gruft.[12]

Das Aufmauern der Gruft scheint Ende 1852 erfolgt zu sein, denn vom 4. Januar 1853 liegt eine Rechnung des Maurermeisters Schneider aus Cottbus über diese Arbeiten vor.[13] Die Auskleidung der Gruft mit Sandsteinplatten ist nach dem Briefwechsel zwischen dem Steinmetz Kunath und dem Bauleiter Leidow Mitte des Jahres 1853 erfolgt.[14] Im August bzw. September 1853 wurde die Gruft eingezäunt und abgedeckt, sodass die Fertigstellung angenommen werden kann. Durch die mit dem Tode Lucies zusammenhängende längere Abwesenheit des Fürsten von Branitz ruhten auch die Arbeiten am Begräbnisplatz. Erst im Frühjahr 1855 wurde mit der Aufschüttung des Tumulus begonnen. Aus der Korrespondenz mit dem Obergärtner Freschke war zu entnehmen, dass der Fürst die Größe der Pyramide mit etwa 70 Fuß Höhe (22,40 m) und einer Basisbreite von 140 Fuß (44,80 m) vorgesehen hatte.[15] Freschke äußerte Bedenken wegen des zu steilen Neigungswinkels, wies aber auch darauf hin, dass eine größere Pyramide die anfallenden Aushubmassen für den See nur unbedeutend reduzieren würde. Bei der vorgesehenen Aushubmasse für den See von 11 440 Schachtruten (50 930 m³) würden für die Pyramide lediglich 100 Schachtruten (4 450 m³)[16] in Anspruch genommen werden.

Freschke ging bei der Massenangabe von einer Pyramide seiner Vorstellungen aus, denn für die Pyramide nach den Vorstellungen des Fürsten würden 3 360 Schachtruten (14 985 m³) erforderlich gewesen sein. Der Fürst ließ daraufhin Berechnungen vornehmen, in welchem Umfang sich die Fläche des mit 32 500 m² vorgesehenen Sees verringern würde, wenn der See nur noch eine Tiefe von drei bis vier Fuß hätte.[17] Freschke berechnete daraufhin die Größe des Sees bei drei Fuß Tiefe mit 18 901 m² und bei vier Fuß Tiefe mit 14 180 m². Als vertretbare Höhe für die Pyramide schlug Freschke 25 bis 30 Fuß vor, weil diese Höhe noch mit Karren realisiert werden könnte.[18] Zur Durchführung der Arbeiten hatte der Fürst den Baumeister Grell aus Hoyerswerda vorgesehen. In der Aufgabenstellung für Grell war die Höhe mit 65 Fuß (20,80 m) und die Basisbreite mit 160 Fuß (51,20 m) angegeben. Die abgeplattete

Spitze sollte einen Durchmesser von 12 Fuß (3,84 m) und der Umlauf (oder Berme), abgeflacht zum See, eine Breite von 16 Fuß (5,12 m) haben.[19]

Die Arbeitsvereinbarung mit Grell kam nicht zustande. Die Ursachen sind aus den Archivunterlagen nicht erkennbar.

Am 9. April 1856 schloss der Fürst mit dem Zolleinnehmer Loebel von der Hebestelle Branitz einen Vertrag zum Bau der Pyramide ab. Die Pyramide sollte eine Höhe von 40 Fuß (12,80 m) und eine Basisbreite von 100 Fuß (32 m) haben. Für den geböschten Umgang (Berme) waren wiederum 16 Fuß (5,12 m) vorgesehen. Im Vertrag kam es auch zu Festlegungen über die Art und Weise des Aufbaus der Pyramide. So sollte das Feststampfen des Bodens mit einer Ramme aller vier Fuß und das Verschütten des Sandbodens nur im Innern der Pyramide geschehen. Die Außenseiten sollten mit einer drei Fuß starken Schicht schweren Bodens plattiert werden.

Innerhalb von sechs Monaten sollte die Aufschüttung der Pyramide abgeschlossen sein. Loebel durfte für die Arbeiten keine Arbeitskräfte einstellen, die im Umkreis von einer Meile (7,5 km) wohnten. Ausgenommen waren lediglich die Dörfer Sergen und Trebendorf. Bei einem Verstoß gegen diese Festlegung konnte Loebel eine Konventionalstrafe von einem Taler pro Tag und Person auferlegt werden.

Für die Errichtung der Pyramide waren 1.600 Taler vereinbart worden, die in zehn Raten – in der Regel nach vier Fuß Aufschüttung – auszuzahlen waren, die letzte Rate von 200 Talern jedoch erst nach gänzlicher Vollendung und Abnahme durch den Obergärtner.[20]

Abb. 2:
Branitz, der Tumulus Stahlstich von Poppel und Kurz nach einer Zeichnung von Gottheil (1857)

Nachdem im März 1856 zur Ermittlung der Wassertiefe und der Bodenarten Probegruben angelegt wurden, begann im April die Arbeit unmittelbar an der Pyramide. Mitte Juli 1856 war die Aufschüttung abgeschlossen.[21] Die Treppe aus Granitstufen wurde im Juli und August 1856 von Maurern angefertigt[22] und der Rasen auch noch im Juli 1856 verlegt.[23] Für die Pyramidenspitze hatte der Fürst einen Pavillon mit einer Wetterfahne vorgesehen. Baurat von Arnim sollte nach den Vorgaben des Fürsten dazu Zeichnungen anfertigen.[24] Das Vorhaben wurde sicher nicht realisiert, denn bis zum Jahresende fertigten der Steinmetz Miersch die Platte für die Tumulusspitze und der Schmiedemeister Pannwitz aus Cottbus das eiserne Geländer an.[25] Nachdem die Pyramide den ersten Winter überstanden hatte, zahlte der Fürst die letzte Rate an Loebel aus.[26]

Wie bereits erwähnt, waren die für die Pyramide erforderlichen Aushubmassen gering. Nach der Aufschüttung des Tumulus war vom See noch nicht viel zu sehen. An mehreren Seiten war die Pyramide noch mit den umliegenden Landflächen verbunden. Der Fürst strebte jedoch, unabhängig von den Berechnungen Freschkes, die Größe des Tumulussees weiterhin mit etwa 32 500 m² an.

Die Unterbringung der Aushubmassen war und blieb das größte Problem. Die Kosten stiegen mit zunehmenden Transportwegen – es wurde noch alles mit der Schubkarre transportiert – beträchtlich an, zumal der sinnvolle Einsatz der unterschiedlichen Bodenqualitäten Handlungsgrundsatz blieb. So wurden z. B. die besten Böden grundsätzlich zur Gärtnerei gebracht, Klock kam zur Bodenverbesserung in die sogenannte »schlechte Pflanzung« und der vorher abgetragene Mutterboden wurde wieder zum Abdecken der Auffüllmassen benutzt.[27]

Als 1856 innerhalb weniger Wochen die Wasserpyramide problemlos und schnell errichtet worden war, sah der Fürst die Aufschüttung einer Pyramide als einfachste Form der Bewältigung der Aushubmassen an. Bereits im Juli 1856 ließ er durch Loebel den Kostenanschlag für eine weitere Wasserpyramide anfertigen. Sie sollte nun die von ihm ursprünglich vorgeschlagene Größe von 70 x 140 Fuß haben. Die Kosten der Pyramide waren mit 4.575 Taler berechnet worden.[28] Der Fürst musste damals die Absicht der Errichtung einer zweiten Wasserpyramide sehr schnell aufgegeben haben, denn in den folgenden Jahren gab es keine Hinweise auf weitere Bemühungen in dieser Richtung.

Die weiteren Schachtarbeiten zum Tumulussee zogen sich mit kurzen oder längeren Unterbrechungen bis zum Jahre 1863 hin.[29] Begonnen wurde zunächst mit der See-Erweiterung in südlicher Richtung. Mit den Aushubmassen wurde der Seeberg gestaltet. Es ist nicht ausgeschlossen, dass hierbei der Grüne See, der von einer Quelle südlich des heutigen Hermannsberges gespeist wurde und dessen genauer Standort noch nicht ermittelt werden konnte, im Bereich der ersten Erweiterung lag.[30]

Abb. 3:
Landpyramide und
ägyptische Brücke
(um 1910), Postkarte

Die See-Erweiterung in westlicher und nordöstlicher Richtung ist offensichtlich stecken geblieben. Möglicherweise war für die weitere Erschließung des Geländes und die Weiterleitung des Abflusses aus dem Tumulussee, entweder im alten Grabenverlauf in Richtung Branitzer Buden oder in einem neu zu schaffenden Kanal durch die Lachen zur Spree, noch keine Entscheidung gefallen.

In den Jahren 1862/1863 erfolgte die Erweiterung des Sees in südöstlicher Richtung.[31] Der Aushub sollte am vorgesehenen Südufer mit den dort bereits lagernden Erdmassen der Kanalerweiterung zu einem Hügel aufgeschüttet werden, auf dem dann die Gestaltung der Stufenpyramide vorgesehen war. Im Verlauf der Arbeiten musste der Hügel mehrmals vergrößert werden.[32]

Der Aufbau der Stufenpyramide erfolgte mit eigenen Arbeitskräften und den vorwiegend für Erdarbeiten im Park eingesetzten Strafgefangenen aus der Cottbuser Haftanstalt.[33a]

In einem Brief vom 16. November 1862 teilte der Fürst dem Bildhauer Lehr mit, dass »eine zweite Pyramide in zwölf Terrassen, nach dem Muster derer von Meroe, fertig geworden, unter welcher meine verstorbene Frau bald beigesetzt werden soll ...«[33b] Hatte der Fürst schon nach Fertigstellung des Tumulus die beabsichtigte Umbettung von Lucie aufgegeben, so blieb es auch nach Vollendung der Stufenpyramide bei der Absichtserklärung.

Wegen anstehender Bewässerungsprobleme wurden die Erweiterungen am Tumulussee unterbrochen. Auch nach den notwendigen Arbeiten für den Kanalbau zu den Lachen an der Spree im Jahre 1865 kam es zu keiner Wiederaufnahme der Schachtungen am Tumulussee. Der See blieb mit einer Größe von etwa 21.700 m² bis in die Gegenwart unverändert.[34]

Aus einem im Stadtarchiv Cottbus aufbewahrten Plan der Pyramidenebene[35] aus der Zeit um 1865 sind die vom Fürsten beabsichtigt gewesenen Erweiterungen des Tumulussees erkennbar. Aus dem Plan ersichtlich sind aber auch noch weitere Bauten,

Abb. 4: Pyramidenebene, historischer Plan

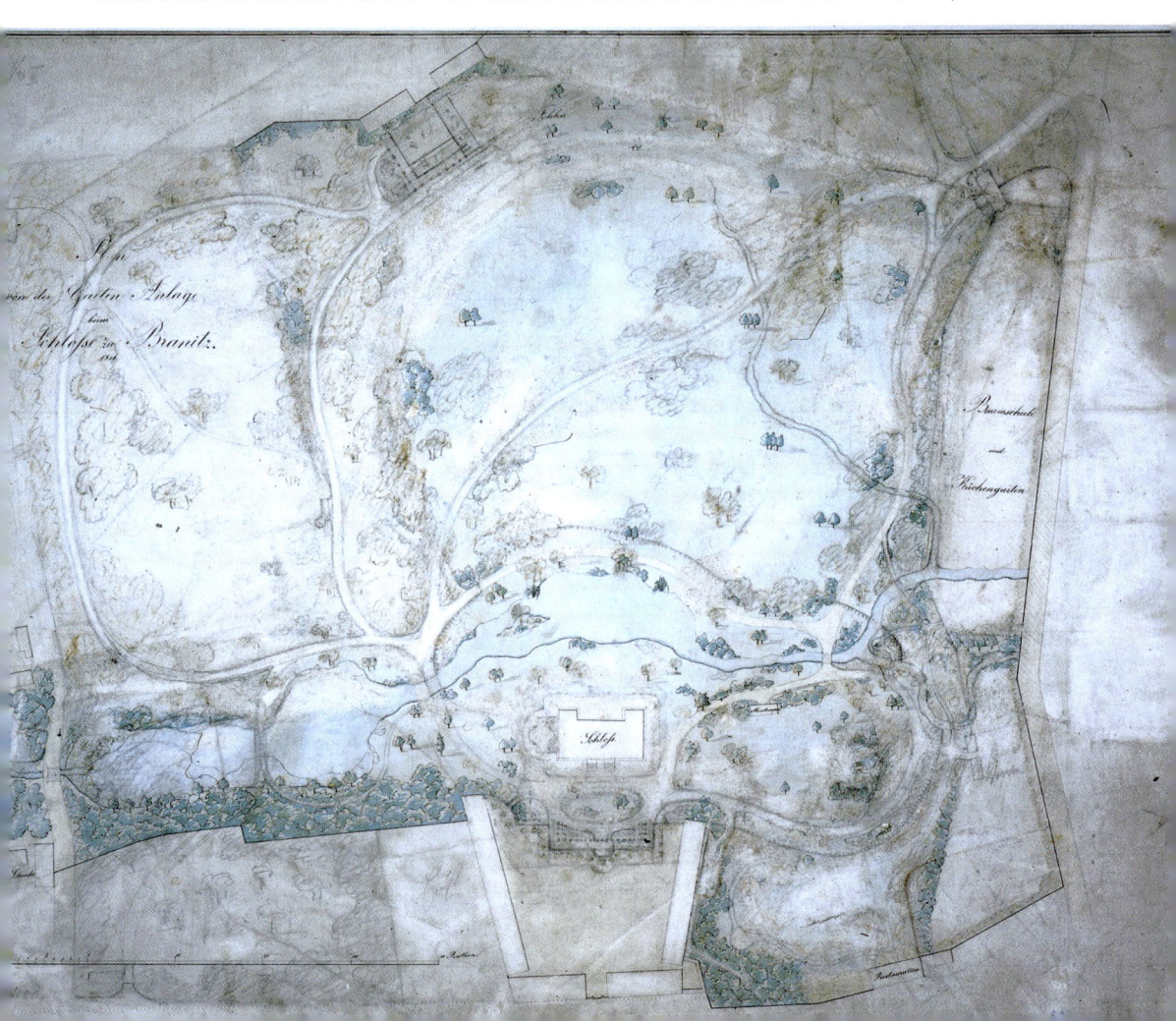

die im Zusammenhang mit dem Begräbnisplatz des Fürsten stehen. So wurde unmittelbar nach der Aufschüttung und Ausformung des Seeberges im Uferbereich gegenüber dem Tumulus das Ägyptische Haus mit der zum Wasser herabführenden Treppe errichtet. Das Haus wurde bald wieder abgerissen und sollte durch eine größere Tempelanlage ersetzt werden. Wegen der fortschreitenden Krankheit des Fürsten kam der Bau nicht mehr zur Ausführung, nur die Treppe wurde verbreitert und mit größeren Wangen versehen.[36]

Beim Aushub des Tumulussees blieben auch einige Inseln stehen. Eine größere, unweit der Ägyptischen Treppe, war zur Aufnahme eines Gedenksteines mit den Lebensdaten des Fürsten bestimmt. Die Lage der Insel im historischen Plan weicht erheblich vom Standort der Insel nach der heutigen Vermessung ab. Vermutlich war es der Standort einer früheren Planung gewesen. Der als Gedenkstein vorgesehene Findling wurde an mehreren Tagen im Winter 1865 zum Tumulussee geschleift und über eine besondere Brückenkonstruktion auf die Insel gebracht.[37]

Abb. 5:
Ägyptische Treppe

Nach der Umbettung der Fürstin in den Tumulus wurde das Grabkreuz vom alten Friedhof auf dem Gedenkstein montiert und der Stein mit den Lebensdaten der Fürstin ergänzt.[38]

Nach längerer Krankheit starb der Fürst am 4. Februar 1871 im Branitzer Schloss. In seinem letzten Testament, welches am 8. August 1870 verfasst, beim Kreisgericht Cottbus hinterlegt und am 7. Februar 1871 eröffnet wurde, waren neben erbrechtlichen Festlegungen im § 6 auch solche zur Verfahrensweise beim Umgang mit seinen sterblichen Überresten und die Form der Beisetzung enthalten. Über die vom Fürsten nach der Sezierung gewünschte chemische oder anderweitige Verbrennung ist schon mehrfach publiziert worden, sodass hier darauf verzichtet werden kann. Wichtig sind aber die weiterhin getroffenen Festlegungen, in denen der Fürst verfügte, dass »die übrigbleibende Asche in eine kupferne, demnächst zu verlöthende Urne gethan, und diese in den Tumulus des Branitzer Parkes, einige Fuß über den höchsten Wasserstandes des ihn umgebenden Sees, sechs Fuß in horizontaler Tiefe in den Tumulus eingesetzt werden ...« soll. Im nächsten Absatz wird dann fixiert: »Diese Beisetzung soll ohne allen Prunk und Verbittung jeder Leichenrede sowie anderen unnützen Ceremonien geschehen. Zu dem Ende soll an der bezeichneten Stelle ... ein Stollen von zwölf Fuß Länge horizontal in den Tumulus getrieben, so daß die Urne in der Mitte des Stollens zu stehen kommt, der Stollen mit Eichenholz gestützt, sogleich nach Einsetzung der Urne wieder mit Erde gefüllt und sorgfältig mit Rasen zugedeckt werden.«[39]

Die Formulierung im Testament, die Urne einige Fuß über dem höchsten Wasserstand des Sees beizusetzen, lässt erkennen, dass der Fürst die Auswirkungen der Überschwemmungen von 1854 und 1861 noch in Erinnerung hatte. Es waren damals weite Teile des Parks in Mitleidenschaft gezogen worden und der Wasserspiegel in den bereits vorhandenen Seen beträchtlich angestiegen. Die Formulierung zeigt aber auch, dass die Anfang der 50er-Jahre errichtete Gruft zur Aufnahme der Urne nicht in Anspruch genommen werden sollte. Es erhebt sich deshalb die Frage, ob der Fürst anfangs gar nicht den Bau einer Wasserpyramide beabsichtigt hatte und sich erst später für eine solche entschied oder die mit der Wasserpyramide verbundenen Folgen beim Bau der Gruft nicht bedacht worden waren. Die widersprüchlichen Formulierungen bei der Bestimmung des Aufstellungsortes der Urne in der Pyramide wirft weitere Fragen auf.

Abb. 6:
Gedenkstein auf der Insel im Tumulussee
Das Grabkreuz von Lucie wurde 1884 nach der Überführung in die Wasserpyramide auf dem Stein angebracht. Zur gleichen Zeit wurde der Stein mit den Lebensdaten der Fürstin ergänzt.

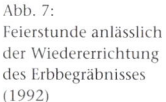

Abb. 7:
Feierstunde anlässlich der Wiedererrichtung des Erbbegräbnisses (1992)

Abb. 8:
Erbbegräbnis nach der Wiederherstellung

Zunächst muss nochmals darauf hingewiesen werde, dass der Fürst bei der Formulierung lediglich an die Aufstellung einer Urne dachte. Die Dauer der chemischen Zersetzung war damals in der von den Ärzten gedachten Weise nicht bis zum Tage der Beisetzung zu realisieren. Es war deshalb ein Sarg, in dem sich der Prozess fortsetzen sollte, notwendig geworden. Der Raumbedarf der Grabkammer wurde dadurch natürlich größer.

Die mit sechs Fuß angegebene horizontale Tiefe ist selbst für eine Urne zu gering. Sollten etwa 60 Fuß gemeint sein und ein Schreibfehler vorliegen, würde die Aufstellung gerade im Mittelpunkt der Pyramide beabsichtigt gewesen sein. Der zu grabende Stollen müsste dann aber auch 60 Fuß Länge und nicht nur 12 Fuß haben.

Der Obergärtner Bleyer war bei den Arbeiten zur Beisetzung des Fürsten 1871 beteiligt. Bleyer wurde auch von Graf Heinrich 1884 mit der Umbettung der Fürstin vom alten Friedhof in die Pyramide beauftragt. Er kannte den 1871 gegrabenen Zugang und hat diesen auch 1884 genutzt. In seinem Bericht vom 27. Mai 1884 über den Vollzug der Umbettung schreibt er u. a. an Graf Heinrich: »Montag spät abends habe ich, soweit es nötig, den Tumulus bis zum Brettergewölbe ausschachten lassen ... Nachdem wir mit Mühe 3 Bohlen fortgenommen, um den Sarg hineinzuschieben, fand sich, daß der Sarg des Herrn Fürsten vollkommen erhalten war, oben auf dem Kopfende stand das Herz in der kupfernen Kapsel, genau so wie ich die Kapsel beim Verschließen der Gruft zurechtgerückt hatte. Wo bleiben die Erfolge betreffs der Verbrennung? Die Ärzte sagten damals, binnen 14 Tage würde auch der Sarg durch die chemischen Stoffe zerstört sein. Der Sarg sieht so neu aus, als wäre er erst vor kurzer Zeit hineingestellt ... Leider hat sich herausgestellt, daß der ganze eichene Kasten, welcher das Gewölbe bildet, total verfault und die Gruft jeden Tag in sich zusammenstürzen kann ...«[40]

Wenn aus dem Bericht auch keine genaue Lokalisierung der Grabkammer hervorgeht, so kann die Tiefe des Stollens mit etwa 12 Fuß doch angenommen werden. Der Zeitaufwand zum Vortrieb des Stollens bis zur Mitte wäre sonst erheblich größer und komplizierter gewesen. Der Zugang von der Ostseite ist durch glaubhafte mündliche Überlieferung seit Jahrzehnten bekannt. Die Einstiegstelle war vor der Restaurierung der Pyramide als kleine Bodensenkung noch erkennbar gewesen.

Als 1871 der Vetter des Fürsten, Heinrich Graf von Pückler, die Branitzer Herrschaft übernahm, war er mit 35 Jahren in einem Alter, in dem der Tod oder die Notwendigkeit der Errichtung einer Begräbnisstätte noch in zeitlicher Ferne lagen. Erst der frühe Tod seines erstgeborenen Sohnes Sylvius, der 1891 im Alter von 29 Jahren starb, veranlasste ihn zur Errichtung eines Erbbegräbnisses für seine Familie.

Als Standort wählte er eine Fläche im Park, die östlich vom Pyramidensee (heute Schlangensee) lag. Graf Heinrich entwarf selbst die Gestaltung des Begräbnisplatzes und der Grabdenkmale.[41]

Der Zugang zum Erbbegräbnis erfolgte über zwei halbkreisförmig miteinander verbundene Eingänge zu einem Mittelweg, der gradlinig bis zu einer Pergolenmauer führen sollte. Am Fuße der Mauer waren die einzelnen Grabstellen vorgesehen. Auf die ursprünglich geplante Mauer wurde jedoch verzichtet und in der Mitte des Weges ein Gedenkstein platziert. Beiderseits dieses Steines sollten dann die Beisetzungen erfolgen. Für das eigentliche Grab war ein Kreuz aus Carrara-Marmor vorgesehen.[42]

Das Erbbegräbnis war von einem einfachen Maschendrahtzaun umgeben. Die beiden Zugänge zum Begräbnisplatz waren mit zweiflügligen Maschendrahttoren versehen, die wiederum an eisernen Säulen befestigt waren.[43]

Das von Graf Heinrich für seinen Sohn Sylvius entworfene Grabkreuz ist später in Form und Material bei allen folgenden Bestattungen beibehalten worden. Es kamen auch Kreuze für diejenigen Mitglieder der Familie zur Aufstellung, die an anderen Orten gestorben und beigesetzt worden sind, so zum Beispiel für die im letzten Weltkrieg gefallenen drei Söhne des Grafen August von Pückler.

Das Erbbegräbnis wurde bis 1945 von der gräflichen Familie genutzt.

Als nach dem Kriege im Osten Deutschlands die Bodenreform durchgeführt, die Pücklersche Familie enteignet und aus Branitz vertrieben wurde, kam es zu Plünderungen und Zerstörungen am Erbbegräbnis. Der damalige Rat der Stadt Cottbus ordnete 1977 die Einebnung des stark beschädigten Erbbegräbnisses an. Die Parkverwaltung sicherte die noch vorhandenen Denkmale und deponierte sie.[44]

Nach der Wende wurden sogleich erste Vorkehrungen zur Wiedererrichtung des Erbbegräbnisses eingeleitet. Mit Zustimmung und Unterstützung von Hermann Graf von Pückler, ein Enkel der letzten im Schloss Branitz ansässigen Familie, wurden durch das damals noch existierende Niederlausitzer Landesmuseum die Instandsetzung und Neugestaltung der Anlage veranlasst.[45]

100 Jahre nach der Errichtung des letzten Begräbnisplatzes im Branitzer Park wurde in einer kleinen Feierstunde am 30. Mai 1992 das wiedererrichtete Erbbegräbnis als Denkmal den Nachkommen der Pücklerschen Familie, aber auch der Öffentlichkeit übergeben.

Abb. 9:
Blick in den Hauptpark mit Pokallinde

Anmerkungen

1 Brandenburgisches Landeshauptarchiv Potsdam, Rep. 37 Gut Branitz (in der Folge abgekürzt: BLHA) Nr. 225; 332.

2 BLHA Nr. 176; 964; Neumann, Siegfried: Zu den sozialökonomischen Verhältnissen in der Gutsherrschaft Branitz zur Zeit des Fürsten Pückler-Muskau, in: 150 Jahre Branitzer Park. Edition Branitz 3, 1998 (in der Folge abgekürzt: Neumann, Edition 3), S. 56ff.

3 BLHA Nr. 110; 301; 329; 340; 343; 350; 785

4 Biblioteka Jagiellonska Krakau, Sammlung Varnhagen von Ense der Staatsbibliothek Berlin (in der Folge abgekürzt: Slg. Varnhagen), Nr. 154 (vgl. auch S. 14f.).

5 BLHA Nr. 272; 994.

6 BLHA Nr. 272; 348; 994.

7 BLHA Nr. 267; 995; Slg. Varnhagen Nr. 154.

8 BLHA Nr. 266; 268.

9 BLHA Nr. 885; Neumann, Edition 3, S. 68 und Abb. 9, S. 70/71.

10 BLHA Nr. 885.

11a Slg. Varnhagen Nr. 168. Den Hinweis verdanke ich Frau Anne Schäfer.

11b BLHA Nr. 259; 340.

12 BLHA Nr. 785; 989.

13 BLHA Nr. 350.

14 Ebenda.

15 Slg. Varnhagen Nr. 154.

16 Ebenda

17 Ebenda.

18 Ebenda.

19 BLHA Nr. 988.

20 Ebenda.

21 BLHA Nr. 265; 266; 268; 995.

22 BLHA Nr. 266; 268.

23 BLHA Nr. 995.

24 Slg. Varnhagen Nr. 151.

25 BLHA Nr. 266; 267.

26 BLHA Nr. 995.

27 BLHA Nr. 272; 995; 997.

28 BLHA Nr. 988.

29 BLHA Nr. 995; 997.

30 BLHA Nr. 348. Denkbar wäre der Grüne See auch im Bereich des später geschaffenen Pyramidensees (heute als Schlangensee bezeichnet).

31 BLHA Nr. 997.

32 Ebenda.

33a Slg. Varnhagen Nr. 151. Den Hinweis verdanke ich Frau Anne Schäfer.

33b BLHA Nr. 997.

34 Die Größe des Tumulussees wurde 1996 in einem Schülerprojekt der 7. Cottbuser Gesamtschule ermittelt. Gleichzeitig wurde durch Lotungen die Aushubmasse für den See, bei einer durchschnittlichen Terrainhöhe zum heutigen Wasserspiegel von etwa 0,50 m, mit ca. 30.000 m3 berechnet.

35 Plan der Pyramidenflur, Stadtarchiv Cottbus, Inv. Branitz 4. Grau, Reinhard: Katalog der Pläne und Risse zu den Parken in Muskau, Babelsberg und Branitz, in: Der Parkschöpfer Pückler-Muskau, hrsg. v. Helmut Rippl, Weimar 1995, S. 277.

36 BLHA Nr. 217; 276; 394; 995; 997; Slg. Varnhagen Nr. 151.

37 BLHA Nr. 997.

38 Mit der bereits erwähnten Verkleinerung des Parks nach dem Tode des Fürsten wurde die noch nicht fertig gestaltete Pyramidenebene durch eine Umzäunung und intensive Neupflanzungen unter Bleyer im nördlichen und östlichen Bereich neu begrenzt. Durch diese Pflanzungen und die Beseitigung der Trabrennbahn erhielt die Pyramidenebene den etwas sentimentalen melancholischen, einem Totenhain ähnelnden Charakter, obwohl der Fürst gerade dies keineswegs beabsichtigt hatte.

39 BLHA Nr. 747.

40 BLHA Nr. 885.

41 BLHA Nr. 189.

42 Ebenda.

43 Ebenda. Der Zaun und die Tore wurden von der Fa. Ueberschaar in Görlitz angefertigt.

44 Bericht der Verwaltung Branitzer Park vom 13. 6. 1977 über die Einebnung des Erbbegräbnisses im Branitzer Park in: Archiv der Stiftung Fürst-Pückler-Museum Park und Schloß Branitz.

45 Entwurf der Neufassung des Erbbegräbnisses 1992, in: Archiv der Stiftung Fürst-Pückler-Museum Park und Schloß Branitz.

Hilke Steinecke

ZIER- UND NUTZPFLANZEN AUS DEM ALTEN ÄGYPTEN

Viele (exotische) Gewächse, die sich heute auch bei uns großer Beliebtheit erfreuen, sei es als Zier-, Nahrungs-, Medizinal- oder Rohstoff-Pflanzen, spielten bereits im alten Ägypten, zur Zeit der Pharaonen, Griechen, Römern oder frühen Christen eine wichtige Rolle. Eine kleine Auswahl, stellvertretend für verschiedene Nutzungsmöglichkeiten, wird hier vorgestellt. Die Angaben zur Nutzung beziehen sich vorwiegend auf *Germer* (1985), *Hepper* (1990), *Jones* (1994) und *Rätsch* (1999).

Eine der wohl bekanntesten Nutzpflanzen des alten Ägyptens ist **Papyrus** *(Cyperus papyrus)*, ein mit unserer Segge verwandtes Sauergras. Seine Heimat liegt am Nil und in Zentralafrika. Die Stängel der im Wasser wachsenden Staude sind scharf dreikantig, markhaltig und bis sechs Meter hoch. Am oberen Ende des Stängels entwickeln sich über laubblattartigen Hochblättern die Blüten. Sie sind in einem kugeligen bis schirmförmigen Blütenstand mit über 100 fadenartigen Strahlen angeordnet. Die Papyrus-Pflanze liefert den Rohstoff für das daraus hergestellte gleichnamige Papier.

Abb.1:
Cyperus papyrus – Papyrusstaude

Die frisch geschnittenen Stängel werden geschält und das Mark in Streifen gewünschter Länge geschnitten. Um dem Mark den Zucker zu entziehen, werden die Streifen etwa zwei Wochen lang in Wasser eingelegt. Durch Klopfen und Rollen wird ihnen anschließend das Wasser entzogen. Danach werden die Papyrusmarkstreifen kreuzweise übereinandergelegt. Die Faserfläche wird mit einem Tuch zugedeckt und gepresst, sodass sich die einzelnen Fasern verbinden. Nach dem Trocknen kann das Papier beschrieben werden. Papyrus wurde früher zudem zur Herstellung von Booten, Sandalen und Matten verwendet. Auf Relief-Darstellungen aus der 4. Dynastie sind Männer zu erkennen, die Papyrus zum Bau von Booten schneiden. *Thor Heyerdahl* zeigte 1970 mit seinem Unternehmen Ra II, dass es möglich ist, mit einem Papyrus-Boot von Nordafrika nach Amerika zu gelangen.

Diese geschichtsträchtige Papyrus-Pflanze lässt sich auch bei uns leicht als Topfpflanze halten, wird dann allerdings nur zwei Meter hoch. Im Sommer, wenn sie auch draußen stehen kann, sind für sie Temperaturen über 20 °C ideal. In den Wintermonaten kann Papyrus auch kühler, bei Temperaturen von 10–15 °C gehalten werden. Damit die Sumpfpflanze nicht austrocknet, sollte stets ein großer wassergefüllter Teller unter den Topf gestellt werden. Papyrus lässt sich aber auch in einem wassergefüllten Eimer halten. Während der Wachstumsphase mag Papyrus regelmäßige Flüssigdüngergaben.

Abb. 2:
Nelumbo nucifera –
Indische Lotosblume

Ebenfalls eine Wasserpflanze ist die heilige **Indische Lotosblume** *(Nelumbo nucifera)*. Sie stammt ursprünglich aus Asien und Australien und wurde vermutlich vor ca. 2500 Jahren nach Ägypten gebracht. Griechen und Römer beschrieben sie als Pflanze des Nils und Nahrungsmittelpflanze der Ägypter. Im Gegensatz zu den ähnlichen Seerosen (Nymphaeaceae), mit denen die Lotosblume nicht näher verwandt ist, erheben sich sowohl ihre runden Blätter als auch die rosa Blüten auf ein bis zwei Meter langen Stielen über die Wasseroberfläche. Ihre Blüten werden mit einem Durchmesser von ca. 30 Zentimeter recht groß. Im Buddhismus gelten sie als Symbol für Reinheit und Vollkommenheit. Die Reinheit der Lotosblume zeigt sich auch an ihren Blättern, an denen Wassertropfen abperlen und dabei Schmutzpartikel von der Blattoberfläche abwaschen. Diesen so genannten Lotos-Effekt macht man sich heute unter anderem bei der Entwicklung von Farben mit Selbstreinigungseffekt zunutze. Essbar sind ihre stärkereichen Wurzelstöcke sowie die Samen, welche in Früchten entstehen, die an Gießkannenbrausen erinnern.

Abb. 3:
Nymphea caerulea –
Blaue Lotosblume

Abb. 4:
Anastatica hierochuntica – Rose von Jericho

Mit der Indischen Lotosblume werden häufig die **Weiße Ägyptische Lotosblume** *(Nymphaea lotus)* sowie die **Blaue Lotosblume** *(Nymphaea caerulea),* beides echte Seerosen, verwechselt. Beide stammen ursprünglich aus Ägypten. Sie sind leicht anhand ihrer Blütenfarbe sowie der gezähnten Blätter bei *N. lotus* zu unterscheiden. Von *Nymphaea lotus* gibt es Varietäten mit grünen Blättern und roten Flecken (Grüner Tigerlotus) sowie mit roten Blättern (Roter Tigerlotus). Die Blätter können als Gemüse genutzt werden und die Samen dienten früher als Notnahrung. Zusammen mit Papyrus gehören die Lotos-Seerosen zu den beliebtesten pflanzlichen Motiven in der Malerei des alten Ägyptens. Während die Lotosblumen Oberägypten symbolisierten, stand Papyrus für Unterägypten. Die Verflechtung von Stängeln beider Pflanzen stand für die Einheit ganz Ägyptens.

Eine gegenüber den Lotosblumen eher unscheinbare Pflanze mit großem Symbolwert ist die **Echte Rose von Jericho** *(Anastatica hierochuntica),* ein Kreuzblütler, der in den Wüstengebieten Ägyptens, in der Judäischen Wüste, im Negev und rund ums Tote Meer vorkommt. Die einjährige Pflanze stirbt nach der Samenreife ab und trocknet aus. Die gesamte tote Pflanze rollt sich dabei ein und umschließt die an den feinen Verzweigungen sitzenden reifen Früchte. Dadurch wird die Ausbreitung der Samen zu einer zur Keimung ungünstigen Zeit vermieden. Erst wenn wieder Regen fällt, öffnet sich die Pflanze und setzt ihre Früchte mitsamt den Samen frei. Das Phänomen der durch Wasserkontakt wieder zum Leben erwachenden Pflanze fasziniert die Menschheit schon sehr lange. In einem ägyptischen frühchristlichen Grab aus dem 4. Jh. n. Chr. wurde eine Mumie mit einer Rose von Jericho in der Hand gefunden. Seit dem Mittelalter galt bei Christen die Rose von Jericho als Symbol der Auferstehung Christi. Man glaubte, die Rose von Jericho könne nur in der Weihnachtsnacht durch Wasser wieder zum Leben erweckt werden. Pilger brachten sie aus Ägypten und dem Heiligen Land mit nach Europa, wo sie als heilige Pflanze verehrt wurde. Auf Weihnachtsmärkten werden bei uns Rosen von Jericho angeboten, die nichts mit der Echten Rose von Jericho zu tun haben. Es handelt sich um den Moosfarn *Selaginella lepidophylla* aus Mexiko und Zentralamerika. Die Echte Rose von Jericho bekommt man bei uns gelegentlich bei Händlern mit ägyptischer Räucherware.

Eine alte traditionelle Heilpflanze, die in jüngster Zeit eine Renaissance in Kosmetik, Medizin und gesunder Ernährung erlebt, ist die **Echte Aloe** *(Aloe vera)*. Sie stammt ursprünglich aus Arabien und Afrika, ist heute aber weltweit in tropisch-warmen, trockenen Gebieten verbreitet. Charakteristisch sind die gelben Blütenstände sowie ihre fleischigen Blätter. Wichtige Inhaltsstoffe der Blätter sind Aloin, Aloe-Emodin, Harze und Bitterstoffe. Der gelbliche, gelartige Saft der Blätter wird frisch verwendet oder zu einer dunklen, glasartigen bis harzigen Masse eingedickt. Schon im Altertum wurde das Harz der *Aloe vera* bei magischen Räucher-Riten eingesetzt. Noch heute wird der Rauch *Merkur* und den ägyptischen Göttern *Isis* und *Osiris* zugeordnet. Die Ägypter bereiteten aus *Aloe vera* einen Duftstoff für Leichentücher oder benutzten sie bei der Einbalsamierung von Leichen. *Aloe vera* galt als Mittel gegen die ägyptische Augenkrankheit. Aufgrund ihrer entzündungshemmenden Wirkung und der förderlichen Wirkung auf die Hautregeneration war sie eine Art Notfallmedizin bei Kriegsverletzungen. *Kleopatra* und *Nofretete* nutzten sie zur Körperpflege und Bewahrung der Jugend. Im alten Ägypten wurde *Aloe vera* deshalb auch als Pflanze der Unsterblichkeit bezeichnet.

Abb. 5:
Aloe Vera – Echte Aloe

Die **Alraune** (*Mandragora officinarum*) ist eine sehr alte Medizinal- und Zauberpflanze, deren Wert nicht nur in Europa hoch geschätzt wurde. Dieses Nachtschattengewächs kommt vor allem im östlichen Mittelmeergebiet vor. Es handelt sich um eine Rosettenpflanze, die im Frühjahr violette Blüten bildet. Aus ihnen entwickeln sich tomatenähnliche gelbe Früchte. Die tief in den Boden reichende Wurzel ist verdickt. Häufig verzweigt sie sich in einer Weise, dass sie an eine menschliche Gestalt erinnert, weshalb man glaubte, in der Erde sitze ein Alraunenmännchen. Im alten Ägypten wurden vermutlich mehr die Früchte als die Wurzeln für verschiedene Zwecke verwendet. Die gesamte Pflanze enthält Tropan-Alkaloide, durch die die Alraune giftig ist, aber auch als Aphrodisiakum und Betäubungsmittel verwendet wurde. Ein magischer Papyrus aus dem 3. Jahrhundert erwähnt *Mandragora* als Bestandteil eines Schlafmittels. Im Grab des *Tutanchamun* wurde ein Halskragen gefunden, der aus Pflanzenteilen, darunter auch halbierten Früchten der Alraune, bestand.

Abb. 6:
Die Alraune war in Ägypten eine heilige Pflanze und Aphrodisiakum. Pharaonenpaar, um 1350 v. Chr; es werden Alraunen- und Lotosfrüchte ausgetauscht.
Abb. 7:
Mandragora – Alraune
Abb. 8:
Ricinus communis – Wunderbaum – Frucht

Rizinus (*Ricinus communis*) ist ein Vertreter der Wolfsmilchgewächse. Er stammt vermutlich aus Zentralafrika, ist aber in Ägypten schon lange in Kultur und kommt auch verwildert vor. In warmen Ländern wird Rizinus mehrere Meter hoch, während er bei uns, als einjährige Kübelpflanze gehalten, meist nur ein bis zwei Meter Höhe erreicht. Charakteristisch sind seine handförmigen Blätter und die roten stacheligen Früchte. In jeder Fruchtkapsel entwickeln sich drei beige-braun gefleckte Samen, die ein wenig an eine vollgesaugte Zecke erinnern, worauf sich der Name Rizinus bezieht *(Ixodes ricinus = Zecke)*. Die Samen sind ölhaltig, aufgrund des Eiweißstoffes Rizin aber auch tödlich giftig. Beim kalten Auspressen des Öls bleibt das nicht fettlösliche Rizin zurück. Heiß gepresstes Öl muss eine Weile gekocht werden, um gegebenenfalls noch vorhandene Reste des Rizins zu zerstören. Funde von Rizinus-Samen sind aus vordynastischer Zeit bekannt, außerdem wurden Samen neben einem Grab der 6. Dynastie gefunden. Die Geschichtsschreiber *Strabo* und *Herodot* beschreiben die Nutzung des Rizinusöls (Castoröls) in Ägypten als Lampenöl. Auf einem ägyptischen Papyrus wird zudem eine medizinische Nutzung erwähnt. Es wurde vermutlich nicht wie heute als Abführmittel, sondern gegen Hauterkrankungen verwendet.

Neben **Dattelpalmen** *(Phoenix dactylifera)* spielte die **Doum-Palme** *(Hyphaene thebaica)* für die Ernährung der Menschen in Ägypten früher eine wichtige Rolle. Ihr Name bezieht sich auf die altägyptische Stadt Theben. Die Palme ist in den Küstengebieten von Nord- und Ostafrika zu Hause. Die kräftigen Fächerblätter der etwa 15 Meter hohen Palme sind graugrün gefärbt. Ihre Stämme verzweigen sich gabelig, eine für Palmen außergewöhnliche Eigenschaft. Die reifen Früchte werden etwa acht Zentimeter lang, sind birnenförmig und braun bis orange gefärbt. Das Fruchtfleisch ist essbar und schmeckt angeblich etwas nach Pfefferkuchen, weshalb die Palme auch Pfefferkuchenbaum genannt wird. Die Doum-Palme wird seit etwa 4000 Jahren in ägyptischen Gärten kultiviert, eine sehr schöne Abbildung gibt es im Grab des *Rechmire*. Früchte fand man in verschiedenen Pharaonen-Gräbern. Die Blätter eignen sich sehr gut als Flechtmaterial. Das Nährgewebe in den Samen nimmt ähnlich wie bei der Steinnusspalme *(Phytelephas macrocarpa)* aus Südamerika elfenbeinartige Konsistenz und Farbe an. Es eignet sich sehr gut zum Schnitzen oder zur Herstellung von Knöpfen.

Abb. 9:
Hyphaene thebaica –
Doumpalme – Frucht

Abb. 10:
Hyphaene thebaica –
Doumpalme –
Blütenstände

Die großen Kulturen im Nahen Osten waren auf den Anbau von Getreide als Nahrungsgrundlage angewiesen. Im alten Ägypten war Weizen das wichtigste Getreide, das sich im fruchtbaren Niltal gut kultivieren ließ. Weizen stammt nicht aus Mitteleuropa, wie man wegen des intensiven Anbaus dort vermuten könnte, sondern aus den fruchtbaren Gebieten Kleinasiens und des Mittelmeergebietes. **Saatweizen** (Triticum sativum) ist vor etwa 10 000 Jahren aus einem Kreuzungsprodukt verschiedener Wildarten entstanden, darunter Einkorn (Triticum boeoticum), Wilder Emmer (Triticum dicoccoides) und Spelzdinkel (Triticum spelta). Durch Mutation und Auslese bildeten sich bis heute viele Kultursorten mit deutlich dickeren, kornreicheren und stabileren Ähren als bei den Vorfahren. Die ersten Brotfunde aus Ägypten stammen aus der Zeit um 3200 v. Chr. Die frühen Brote waren Getreidefladen, die auf heißen Steinen oder an der Sonne getrocknet wurden, ohne Zusatz von Hefen oder Sauerteig. Erst etwas später entdeckte man die positiven und lockernden Eigenschaften des Sauerteigs. Vor etwa 3000 Jahren gab es in Ägypten schon etwa 40 verschiedene Brotsorten. Das Backen von Broten und Brauen von Bier fand meist in einem Gebäude statt, was Wandmalereien in Pharaonengräbern belegen. Getreide und Brote galten als Geschenke der Götter *Isis* und *Osiris*.

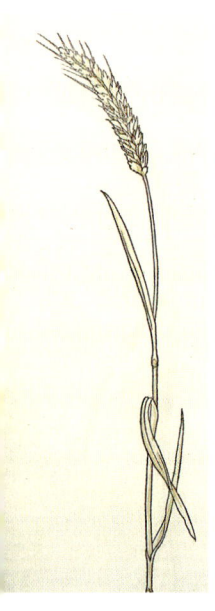

Abb. 11:
Triticum aestivum – Weizen

Auch **Knoblauch** (Allium sativum) ist wie Weizen eine uralte Kulturpflanze. Sie stammt vermutlich aus Zentralasien, wird aber wie auch andere *Allium*-Arten seit Jahrtausenden in Ägypten angebaut. Verwendet werden die Knoblauchzehen, das sind fleischige Tochterzwiebeln, die von einer gemeinsamen weißen Haut umgeben sind. Die Blütenstände entwickeln sich auf etwa 50 Zentimeter hohen Stielen. Knoblauch-Blüten sind steril und setzen keine Samen an, sodass Knoblauch nur vegetativ (durch Menschenhand) vermehrt werden kann, was auf eine lange Kulturgeschichte hinweist. Die Würze des Knoblauchs geht auf schwefelhaltige Verbindungen, insbesondere das Alliin, zurück. Knoblauch wurde im alten Ägypten nicht nur zum Verfeinern verschiedener Speisen genutzt. Er sollte angeblich auch die Muskeln und Abwehrkräfte stärken, weshalb Sklaven, die zum Bau der Pyramiden von Giseh herangezogen wurden, größere Mengen an Knoblauch essen mussten. Sie galten deshalb als »die Stinkenden«. In die Cheopspyramide wurde eine Knoblauchzehe eingemauert. In die Gräber normaler Bürger wurden Ton-Nachbildungen des Knoblauchs gelegt, Pharao *Tutanchamun* dagegen bekam in seinen goldenen Sarkophag als Grabbeigabe sechs echte Knoblauchzwiebeln.

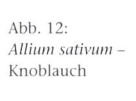

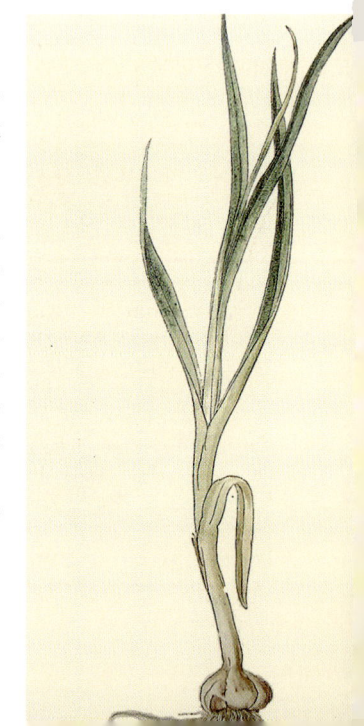

Abb. 12:
Allium sativum – Knoblauch

PFLANZENLISTE: ALTES ÄGYPTEN

Acacia senegal – Gummi arabicum
Allium porrum – Lauch/Porree
Allium cepa – Zwiebeln
Allium sativum – Knoblauch
Aloe vera – Echte Aloe
Anethum graveolens – Dill
Apium graveolens – Sellerie
Beta vulgaris – Mangold
Boswellia sacara – Weihrauchbaum
Ceratonia siliqua – Johannisbrotbaum
Cichorium endivia – Endivie
Cichorium intybus – Zichorien
Citrullus lanatus – (Wasser) Melone
Commiphora abyssinica – Myrrhe
Coriandrum sativum – Echter Koriander
Cucumis melo – (Zucker) Melone, Honigmelone
Cucumis sativus – Gurke
Cynara cardunculus – Artischocke
Cyperus papyrus – Papyrusstaude
Ficus carica – Echte Feige
Hordeum vulgare – Sommergerste
Hyphaene thebaica – Ägyptische Doumpalme
Lagenaria siceraria – Kalebasse, Flaschenkürbis
Lawsonia inermis – Hennastrauch
Lens culinaris – Linse
Lepidum sativum – Kresse
Linum bienne – Leinen/Flachs
Luffa aegyptiaca – Schwammkürbis
Lupinus albus – Weißlupine
Myrtus communis – Myrte
Nymphaea lotus – Lotus
Olea europaea – Olivenbaum
Origanum majorana – Majoran
Phoenix dactylifera – Dattelpalme
Pimpinella anisum – Anis
Pistacia lentiscus – Mastrixstrauch
Punica granatum – Granatapfel
Raphanus sativus – Garten-Rettich
Ricinus communis – Wunderbaum
Sesamum indicum – Sesam
Sinapis arvensis – Ackersenf
Sorghum bicolor (Gramineae) – Hirse
Trigonella foenum-graecum – Bockshornklee
Triticum aestivum – Weizen
Triticum spelta – Dinkel
Vicia faba – Saubohne, Dicke Bohne, Pferdebohne oder Puffbohne
Vitis vinifera – Weinreben

Literaturnachweis:
- Germer, R. 1985: Flora des pharaonischen Ägypten. – Mainz.
- Hepper, F. N. 1990: Pharaoh's flowers. The botanical treasures of Tutankhamun. – London.
- Jones, D. L. 1994: Palmen. – Köln
- Rätsch, C. 1999. Räucherstoffe. Der Atem des Drachen. 2. Aufl. – Aarau.

Abb. 13:
Nymphea lotus –
Ägyptische
Lotosblume

Bernd Modrow – Pyramiden in Hessen

Abb. 2:
Aus: B. Modrow, C. Gröschel, Fürstliches Vergnügen, Regensburg 2002, S. 34

Abb. 3, 4:
Foto Modrow 2003.

Abb. 5, 6:
Foto Formann 2002.

Abb. 7:
Aus: B. Clausmeyer-Ewers, Staatspark Wilhelmsbad Hanau, Broschüre 15, Edition der Verwaltung der Staatlichen Schlösser und Gärten Hessen, Regensburg 2002, S. 43.

Abb. 8:
Foto E. Stein, 2001, aus: B. Clausmeyer-Ewers, Staatspark Wilhelmsbad Hanau, Broschüre 15, Edition der Verwaltung der Staatlichen Schlösser und Gärten Hessen, Regensburg 2002, S. 43.

Abb. 9:
Aus: B. Modrow, C. Gröschel, Fürstliches Vergnügen, Regensburg 2002, S. 133.

Christian Tietze – Pyramiden in Brandenburg

Abb. 11, 15–18: Rico Hecht, Potsdam,
alle übrigen Fotos vom Verfasser.

Holger Wenzel – Sinnbild, Grab und Weihestätte

Abb. 15: Christian Tietze,
alle übrigen Fotos vom Verfasser.

Annette Dogerloh und Michael Niedermeier – Pyramiden im frühen Landschaftsgarten

Abb. 1: Taschenkalender auf das Jahr 1797 für Natur- und Gartenfreunde.
Nachdruck Stuttgart 1994.

Abb. 2: Aus: Luigi Ficacci: Piranesi. The Complete Etchings. Köln 2000, S. 215.

Abb. 3: Taschenkalender auf das Jahr 1799 für Natur- und Gartenfreunde.
Nachdruck Stuttgart 1992.

Abb. 4: Aus: Königliche Schlösser in Berlin und Brandenburg, hg. von Hans Joachim Giersberg, SPSG Berlin-Brandenburg/Leipzig 2001, S. 54.

Abb. 5: Fotografie Michael Niedermeier.

Abb. 6: Postkarte.

Abb. 7: Einblattdruck, angebunden an die Leichenrede auf Herzog Wilhelm und seine Frau Eleonore Dorothea.

Abb. 8: Aus: Christian Tietze: Die Pyramide. Geschichte – Entdeckung – Faszination, Weimar/Berlin 1999, S. 121.

Abb. 9: Fotografie Annette Dorgerloh.

Abb. 10: Aus: Pückler Pyramiden Panorama, Cottbus 1999, S. 57.

Abb. 11: Fotografie R. Renk.

Abb. 12: Aus: Christian Tietze (wie 8.), S. 126.

Abb. 13: Aus: Fred Licht: Antonio Canova. Beginn der modernen Skulptur, München 1983.

Siegfried Neumann – Die Begräbnisstätte im Branitzer Park

Abb. 2:
Branitz, der Tumulus.

Abb. 3:
Landpyramide und ägyptische Brücke, um 1910, Postkarte.

Abb. 4:
Pyramidenebene, historischer Plan.

Abb. 5:
Ägyptische Treppe,
Foto: R. Franitza, 1997.

Abb. 6:
Gedenkstein auf der Insel im Tumulussee,
Foto: Siegfried Neumann.

Abb. 7:
Feierstunde anlässlich der Wiedererrichtung des Erbbegräbnisses, 1992,
Foto: Siegfried Neumann.

Abb. 8:
Erbbegräbnis nach der Wiederherstellung,
Foto: Siegfried Neumann

Abb. 9:
Blick in den Hauptpark mit Pokallinde,
Foto: A. Raab, 2003.

Alle Rechte der Abbildungen liegen beim Bildarchiv Stiftung Fürst-Pückler-Museum Park und Schloß Branitz.

Hilke Steinecke – Zier- und Nutzpflanzen aus dem alten Ägypten

Abb. 1–5 und 7–9:
Hilke Steinecke

Abb. 6:
aus: Christian Rätsch 1996; Urbock, Bier jenseits von Hopfen und Malz, AT-Verlag, Aarau.

Abb. 10:
Missouri Botanical Garden

Abb. 11–12:
Fuchs' Kräuterbuch 1543

Abb. 13:
Curtis

Wir haben uns bemüht alle Copyright-Ansprüche zu berücksichtigen. Sollte uns dennoch ein Fehler unterlaufen sein, bitten wir dafür um Entschuldigung. Für Nachfragen stehen wir gerne zur Verfügung.